O processo de produção do espaço urbano:

impactos e desafios de uma nova urbanização

O processo de produção do espaço urbano:

impactos e desafios de uma nova urbanização

Renata Adriana Garbossa Silva
Rodolfo dos Santos Silva

2ª edição

inter saberes

Rua Clara Vendramin, 58 . Mossunguê . CEP 81200-170 . Curitiba . PR . Brasil
Fone: (41) 2106-4170 . www.intersaberes.com . editora@intersaberes.com

Dados Internacionais de Catalogação na Publicação (CIP)
(Câmara Brasileira do Livro, SP, Brasil)

Silva, Renata Adriana Garbossa
   O processo de produção do espaço urbano : impactos e desafios de uma nova urbanização / Renata Adriana Garbossa Silva, Rodolfo dos Santos Silva. -- 2. ed. -- Curitiba, PR : Editora InterSaberes, 2023.

   Bibliografia
   ISBN 978-85-227-0710-2

   1. Espaço urbano 2. Geografia urbana 3. Gestão pública 4. Urbanização 5. Urbanização – Aspectos ambientais 6. Urbanização – Aspectos sociais I. Silva, Rodolfo dos Santos. II. Título.

23-160365   CDD-711

Índices para catálogo sistemático:
1. Urbanismo   711

   Eliane de Freitas Leite – Bibliotecária - CRB 8/8415

1ª edição, 2016.
2ª edição, 2023.

Foi feito o depósito legal.

Sumário

De uma cidade, não aproveitamos as suas sete

ou setenta e sete maravilhas, mas a resposta que dá

às nossas perguntas. (Italo Calvino, 1972, p. 44)

Apresentação

Com esta obra, procuramos fazer uma chamada à leitura refle-
xiva da realidade urbana no momento em que se faz necessário
repensar a natureza social da cidade para além da simples con-
ceitualização. Convidamos o geógrafo, o arquiteto, o economista, o urbanista e os estudantes das diversas áreas que envolvem a
geografia urbana a perceberem como o processo de produção do
espaço urbano necessita ser repensado diante de uma nova conjuntura de desenvolvimento econômico, político e social. Esse
desenvolvimento é marcado por um modelo de globalização que
influencia a ocupação do território e modifica substancialmente
a paisagem e a estrutura (configuração) das cidades.

Sem a preocupação de esgotar o debate sobre o assunto, buscamos com este livro abordar vários aspectos do processo de produção do espaço urbano com base no desenvolvimento de conceitos essenciais da geografia urbana. Esta obra é resultado da nossa
experiência de vários anos como pesquisadores, profissionais do
serviço público e professores do ensino fundamental, médio, superior e de cursos de pós-graduação, de extensão e especialização.
Aqui, apresentamos desde os fundamentos da geografia urbana,
os impactos e os desafios de uma nova urbanização, até a democracia participativa e a aplicação dos recursos públicos por meio
do orçamento participativo. Nosso objetivo é proporcionar um
conhecimento amplo sobre a temática urbana, auxiliando tanto
estudantes quanto profissionais da geografia e áreas afins, como
meio ambiente, economia e desenvolvimento urbano.

Dividimos a obra em cinco capítulos que se complementam.
Começamos, no primeiro capítulo, com uma digressão sobre a origem e o desenvolvimento das cidades na concepção de diversos

teóricos do campo da geografia em diferentes momentos históricos. Destacamos que o estudo da cidade envolve não somente
a geografia como ciência e objeto de estudo, mas também como
campo interdisciplinar que faz uso de distintas ciências e de outros ramos do conhecimento. No segundo capítulo, abordamos a
produção do espaço urbano, as relações socioespaciais que ins-
tituem o processo de urbanização e a divisão social e territorial
do trabalho, procurando explicar como isso ocorre devido ao fenômeno da metropolização.

No terceiro capítulo, tratamos de temas de grande relevância,
como a estrutura urbana, a morfologia, a função e a rede urbana
na concepção de diferentes autores do campo da geografia que
enfatizam a estrutura interna das cidades e seus desdobramen-
tos. No quarto capítulo, apresentamos os problemas socioambientais e mostramos como o planejamento urbano, juntamente com
uma legislação urbanística e ambiental, é utilizado para adequar
os padrões físico-espaciais às necessidades da sociedade, a fim
de manter o equilíbrio ambiental e melhorar a qualidade de vida
daqueles que vivem e trabalham na cidade.

No quinto e último capítulo, discutimos a formação da cidade
em meio a um processo de desenvolvimento da industrialização,
e sua constituição ocorrida com base em mediações, conflitos e
contradições. Afinal, a cidade do século XXI se constitui um modelo de produção capitalista que ultrapassa as fronteiras dos países e se estabelece em âmbito mundial. Precisamos pensar, compreender e repensar essa cidade, de forma a enfrentar os novos
desafios da urbanização, influenciada por um novo padrão de
acumulação capitalista que, em escalas mais abrangentes, faz-se
excludente, favorecendo o predomínio do capital e influenciando
a tomada de decisões e ações do Poder Público.

Na busca dessa nova visão da cidade, apresentamos alguns dos instrumentos conquistados com essas mediações e esses conflitos entre os diversos setores da sociedade brasileira, incitados principalmente pelos movimentos sociais e outras tantas instituições e pelos organismos de defesa de um modelo de urbanização que atenda os interesses de seus cidadãos. É o caso do Estatuto da Cidade – Lei n. 10.257, de 10 de julho de 2001 (Brasil, 2001) –, fundamento para os novos ou revisados planos diretores municipais e de outras ferramentas utilizadas para reduzir os impactos dos problemas da urbanização sobre a sociedade, entre elas o Orçamento Participativo.

Recentemente, diante de um processo intenso de discussões sobre o solo urbano, as leis de zoneamento das cidades e o fenômeno da metropolização, bem como sobre a globalização e a internacionalização da economia, optamos por apresentar uma vasta contribuição de teóricos e estudiosos para o processo de produção do espaço urbano.

Para além das teorias apresentadas nesta obra, é fundamental chamarmos a sua atenção, leitor, para a necessidade da construção de novos espaços, objetivando debater o conceito de cidade sobre um novo prisma. Diante dos desafios que se apresentam sob a conjuntura política, econômica e social da atualidade, este livro é uma convocação para uma nova perspectiva no sentido de ver, perceber e viver a história da cidade, pois é na geografia urbana que a história se exibe.

Organização didático-pedagógica

Esta seção tem a finalidade de apresentar os recursos de aprendizagem utilizados no decorrer da obra, de modo a evidenciar os aspectos didático-pedagógicos que nortearam o planejamento do material e como o aluno/leitor pode tirar o melhor proveito dos conteúdos para seu aprendizado.

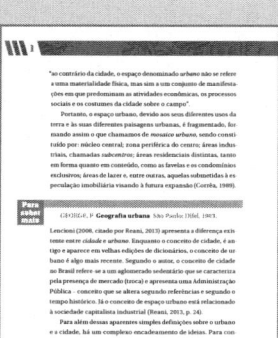

Introdução do capítulo

Logo na abertura do capítulo, você é informado a respeito dos conteúdos que nele serão abordados, bem como dos objetivos que os autores pretendem alcançar.

Para saber mais

Você pode consultar as obras indicadas nesta seção para aprofundar sua aprendizagem.

Síntese

Você conta, nesta seção, com um recurso que o instigará a fazer uma reflexão sobre os conteúdos estudados, de modo a contribuir para que as conclusões a que você chegou sejam reafirmadas ou redefinidas.

Indicações culturais

Ao final do capítulo, os autores oferecem algumas indicações de livros, filmes ou *sites* que podem ajudá-lo a refletir sobre os conteúdos estudados e permitir o aprofundamento em seu processo de aprendizagem.

Atividades de autoavaliação

Com estas questões objetivas, você tem a oportunidade de verificar o grau de assimilação dos conceitos examinados, motivando-se a progredir em seus estudos e a se preparar para outras atividades avaliativas.

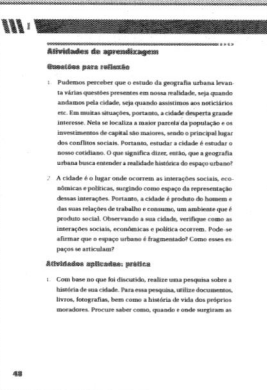

Atividades de aprendizagem

Aqui você dispõe de questões cujo objetivo é levá-lo a analisar criticamente determinado assunto e aproximar conhecimentos teóricos e práticos.

Bibliografia comentada

Nesta seção, você encontra comentários acerca de algumas obras de referência para o estudo dos temas examinados.

Fundamentos da geografia urbana

Neste primeiro capítulo, analisaremos a origem e o desenvolvimento das cidades na concepção de diversos teóricos da geografia em diferentes momentos históricos. Nosso objetivo principal é mostrar as concepções da **geografia urbana** e do **espaço urbano**, fazendo uma relação com o seu campo de atuação. Além disso, apresentaremos a principal diferença entre os conceitos de *urbano* e *cidade*, familiarizando o leitor com essa terminologia e relacionando-a com a produção do espaço urbano e seus agentes sociais, que fazem e refazem a cidade.

1.1 Origem e desenvolvimento das cidades

Antes de iniciarmos a discussão sobre a origem das cidades e apresentarmos seu conceito na visão de diferentes teóricos da geografia urbana, é importante destacarmos que o estudo da cidade envolve não somente a geografia como ciência e objeto de estudo, mas também como um campo interdisciplinar do conhecimento. Portanto, para o estudo da cidade, não existe uma única metodologia; é necessário adotarmos diferentes abordagens para que você, leitor, possa compreender a complexidade dos problemas urbanos.

De acordo com Carlos (1994, p. 19, citado por Reani, 2013, p. 25), "não existe geografia sem a produção geográfica, sem o 'pensar-se' a realidade, sem a explicação teórica advinda da interpretação no real". Poetas, cronistas, romancistas, arquitetos e filósofos, entre outros, em um determinado período da história, foram os responsáveis por sentir e pensar a cidade – ou seja, é a ciência geográfica que investiga a questão urbana por meio de seu objeto de estudo, que é o próprio espaço geográfico, tendo, dessa forma, como cita

Lacoste (1990, citado por Carlos, 2011a, p. 18), a necessidade de "pensar o espaço em sua complexidade".

Nos estudos geográficos, a presença da cidade é antiga. Em 1891, Friedrich Ratzel identificou um elemento importante na evolução da humanidade: os chamados *núcleos urbanos*. Para o teórico, as cidades representavam um objeto de estudo importante da geografia e deveriam ser analisadas, sobretudo, pela sua posição em relação às vias de comunicação.

Embora outros autores alemães do período, como Otto Schlütter e Alfred Hettner, também tenham dedicado atenção à posição das cidades, o fato é que, a partir da morte de Friedrich Ratzel[i], em 1904, o estudo dos núcleos urbanos rapidamente deslocou-se do eixo preferencialmente estratégico e econômico da posição e caminhou em direção a novos elementos balizadores (Abreu, 2002, p. 134).

Élisée Reclus[ii] foi um dos primeiros geógrafos a dedicar atenção especial às cidades e, entre os pioneiros da disciplina, foi o que mais fez estudos sobre a questão, devido à grande influência de Piotr Kropotkin (ver box na próxima página). Para Reclus, a ação do homem sobre o meio circundante e a influência do meio sobre a ação humana são fatores decisivos para o desenvolvimento das cidades. Em seus estudos, também afirmava que as cidades e suas relações mútuas podem ser concebidas de outras formas que não aquelas reguladas pelas necessidades do Estado e das empresas (Guimarães et al., 2013).

i.   Pensador alemão considerado um dos principais teóricos clássicos da geografia e o precursor da geopolítica e do determinismo geográfico.

ii. Entre as obras de Élisée Reclus, a *Nouvelle Géographie Universelle* (19 volumes) fez muito sucesso na época de sua publicação (1876-1894). Trata-se de uma descrição extremamente minuciosa e rigorosa do "estado do mundo" na época, riquíssima em dados demográficos, corográficos, econômicos, topográficos, cartográficos, geológicos etc.

Raquel Rolnik (1988, p. 11) inicia sua obra *O que é cidade* com uma pergunta: Afinal, o que é a cidade? Essa pergunta deveria ser, na concepção da autora, fácil de ser respondida, por uma série de razões e pela grande quantidade de pesquisadores que se debruçam diariamente em suas teses sobre esse assunto. No entanto, quando considera-se a palavra *cidade*, inúmeras analogias podem ser feitas, como: grande quantidade de pessoas, arranha-céus, poluição, congestionamentos, ruas, áreas degradadas, ocupações irregulares. Em outras palavras, a ideia de *cidade* abriga inúmeros significados, notadamente se as diferentes perspectivas de campos disciplinares distintos forem levadas em conta. A autora conclui que "a cidade é antes de mais nada um ímã, antes de se tornar local permanente de trabalho e moradia" (Rolnik, 1988, p. 13).

Gramaticalmente, a palavra *cidade* é um substantivo, ou seja, uma palavra que serve para nomear um objeto determinado e apresenta várias definições na língua portuguesa. Significa "aglomeração humana de certa importância, localizada numa área geográfica circunscrita e que tem numerosas casas, próximas entre si, destinadas à moradia e/ou a atividades culturais, mercantis, industriais, financeiras e a outras não relacionadas com a exploração direta do solo" (Lencione, 2008, p. 113).

Para George (1983, p. 55), a cidade pode ser definida por meio de certo número de critérios descritivos que a diferenciam das aldeias, inserindo-a em categorias sistemáticas ou regionais e auxiliando no estudo dessas categorias.

Já Lefebvre (1969, p. 42) define *cidade* como "projeção da sociedade sobre um dado território". A afirmação parece bastante embrionária e, ao mesmo tempo, um ponto de partida imperativo, porque, se

> é necessário ultrapassar o empirismo da descrição geográfica, corre-se o risco de imaginar o espaço como uma "página em branco" sobre a qual se inscreve a ação dos personagens sociais e das instituições, sem encontrar obstáculos, a não ser o "desenho" das gerações anteriores. Isso corresponderia a conceber a natureza como totalmente moldada pela cultura e, assim, que toda problemática social tem origem na união desses dois termos por meio do processo dialético pelo qual "uma espécie biológica particular (dividida em classes)", o homem, se modifica e modifica o seu desenvolvimento na luta pela vida e pela apropriação diferencial do produto de seu trabalho. (Lefebvre, 1969, p. 42)

Lefebvre (2001, p. 11) argumenta que a cidade preexiste à industrialização e ainda descreve que as criações urbanas mais distintas, as obras mais "belas" da vida urbana (*belas* porque são antes obras do que produtos), datam de épocas anteriores à industrialização. O autor afirma que existiam várias cidades, entre elas a cidade oriental (ligada ao modo de produção asiática), a cidade arcaica (grega ou romana, ligada à posse de escravos) e, por fim, a cidade medieval[iii] (numa situação complexa: inserida em relações feudais, mas em luta contra a feudalidade da terra). As duas primeiras cidades citadas na concepção do autor foram essencialmente políticas, já a terceira não perdeu o caráter político e foi caracterizada principalmente como comercial, artesanal e bancária, integrando assim os mercados outrora quase nômades, relegados para fora da cidade.

Lewis Mumford (1998, citado por Reani, 2013, p. 56), um estudioso da história da cidade, expõe que é difícil precisar a origem das cidades: "Isso se deve ao fato de que durante seu desenvolvimento, grande parte do seu passado foi enterrado ou apagado, dificultando desta forma o seu estudo". Mumford (1998) adverte que, se almejamos identificar como as cidades se constituíram, precisamos seguir a trilha para trás, partindo da cidade de hoje, com suas estruturas e funções conhecidas. Assim, é possível perceber que "Antes da cidade, houve a pequena povoação, o santuário e

---

iii. Até o século XI, as cidades medievais estavam reduzidas às funções religiosas ou administrativas, abrigando apenas a residência de um bispo ou de um rei. A intensificação da vida agrícola e comercial no Ocidente estimulou o seu crescimento e trouxe o aparecimento de novos centros urbanos, localizados ao longo das principais rotas comerciais da Itália, da Alemanha, dos Países-Baixos e da França. Nos burgos e comunas concentravam-se mercadores e artesãos dos diversos ofícios, o que incentivava as trocas com os camponeses das aldeias, visto que os centros necessitavam de matérias-primas e de alimentos. Os burgos, nascidos próximos aos domínios dos castelos ou das catedrais, não tardaram em procurar se libertar do jugo dos senhores feudais, obtendo sua autonomia por meio da compra da Carta de Franquia, mediante uma indenização paga ao conde ou barão, ou pela guerra.

a aldeia; antes da aldeia, o acampamento, o esconderijo, a caverna, o montão de pedras; e antes de tudo isso, houve certa predisposição para a vida social que o homem compartilha" (Mumford, 1998, p. 11). E, assim, foram se originando as cidades.

Quanto às cidades europeias, elas constituíram uma única e mesma família evolutiva. George (1983) explica que eram lugar de residência e de encontro, sendo desde o início também local de culto, sagrado e colocado sob a proteção das forças sobrenaturais. Assim sendo, institui-se a chamada *trilogia* urbana inicial: santuário, cidadela ou palácio e mercado. Cada época e cada sistema político apresentam suas variantes no conteúdo dos termos. Nos dizeres de George (1983, p. 23), "a igreja cristã muitas vezes foi construída com as pedras de um templo romano, que, por sua vez, havia herdado esse local de um culto anterior. A Ágora ou o fórum cederam lugar ao castelo e o mercado antigo deu origem ao bairro dos comerciantes e artesões da Idade Média".

Em síntese, como na definição de Harvey (1973, p. 216), *cidades* são concentrações geográficas de excedente social, porque o investimento ganha eficiência ao ser implementado de forma concentrada, em função da operação de economias de escala e da aglomeração. Complementando, Singer (1973, p. 12) afirma que "a cidade é, via de regra, a sede do poder e, portanto, da classe dominante. A origem da cidade se confunde, portanto, com a origem da sociedade de classes, a qual, no entanto, a precede historicamente".

Segundo Barros (2007), data do século XIX a moderna reflexão sobre a cidade como forma mais específica de organização social, tanto na área da historiografia quanto no pensamento sociológico. Isso não significa que em períodos mais remotos, desde a Idade Média até o início da Idade Moderna, não houvesse homens refletindo sobre a cidade.

Duas são as vertentes interpretativas em relação à origem das cidades na concepção da teórica e pesquisadora Rosendahl (2008). A primeira sinaliza os antigos santuários paleolíticos[iv] como base de desenvolvimento das cidades. Trata-se de um enfoque que privilegia o papel ativo da religião. Isso é unânime, segundo a autora, para alguns pensadores como: Eliade (1962), Coulanges (1988), Mumford (1998), Tuan (1980), entre outros que compartilham essas ideias. Já a segunda vertente confere às complexas alterações ocorridas no período neolítico[v] o suporte da gênese e da evolução das cidades. Os autores que comungam na segunda vertente são Childe (1974), Sjoberg (1960), Harvey (1980), Singer (1976) e outros. Tais pensadores valorizam os fatores técnicos e econômicos.

Clark (1985, p. 17) mostra que

> a cidade moderna é o produto de um processo de desenvolvimento extremamente longo. Pesquisadores interessados no estudo das civilizações antigas identificaram um certo número de assentamentos, já no quinto século a.C., aos quais eles concedem o título de cidade, muito embora esses lugares tenham sido invariavelmente pequenos, ligeiramente dispersos e facilmente reversíveis ao status de aldeias ou pequenas vilas.

iv. Termo usado para designar a Antiga Idade da Pedra, quando os homens ainda usavam primitivos instrumentos líticos, em geral resultantes do lascamento, além de outros fabricados de chifres e ossos de animais. O nome é originário do grego *palaios* (antigo) + *lithos* (pedra) (Suguio, 1998).

v. Termo usado para designar a Nova Idade da Pedra, quando os homens já usavam instrumentos de pedra mais elaborados (pedra polida) e praticavam agricultura incipiente. Corresponde de 8 a 10 mil anos, aproximadamente, no Sul da Ásia e Oriente Próximo e a 5 mil anos na Europa (Suguio, 1998).

No campo das generalidades elementares, a cidade define-se por meio de tudo o que pode ser qualificado, mediante dados concretos, sob o apelido de *urbano* – ou seja, é, em primeiro lugar, a casa urbana, que pertence a uma série de casas, alinhadas em ruas nas cidades tradicionais, o conjunto de edifícios dispostos em volta de pátios ou de espaços verdes internos no urbanismo moderno (George, 1983).

George (1983) argumenta ainda que a existência das cidades é um fato muito antigo na maior parte do mundo. Na teorização do autor, as cidades atuais pertencem a diversas gerações, que se distinguem devido aos ritmos de crescimento e também ao aspecto urbano. Ele divide as cidades em quatro gerações, conforme apresentamos no Quadro 1.1.

Quadro 1.1 – As quatro gerações de cidades e suas características

Gerações	Principais características das cidades
Uma primeira geração – a velha geração	» pouco tocadas pelas formas recentes de desenvolvimento urbano; » cidades seculares ou milenares do Oriente Médio.
Uma segunda geração	» com longo passado histórico; » sofreram diretamente o choque da industrialização; » cidades cujo aumento da população acompanhou as profundas transformações do organismo urbano; » já eram grandes núcleos – antes da industrialização em razão da importância comercial; » foram despertadas para o desenvolvimento urbano pela Revolução Industrial.

(continua)

Gerações	Principais características das cidades
Uma terceira geração	» seu desenvolvimento foi provocado pela projeção da economia europeia fora da Europa no quadro das políticas coloniais e da organização dos mercados mundiais.
Uma quarta geração	» criações urbanas dos países de povoamento recente que tiveram um período pré-industrial curto ou mesmo nulo.

Fonte: Elaborado com base em George, 1983.

Como podemos observar, cada uma das gerações tem sua própria história em diferentes momentos. O autor considera que "não há tantos tipos de cidades quanto de gerações urbanas, mas sim tantos tipos quanto formas de convergência" (George, 1983, p. 45). Portanto, cidade e campo continuam com as mesmas relações, em que a cidade surge sucessivamente como complementar ao campo. O mesmo podemos afirmar da sociedade urbana, que é totalmente diferente da sociedade rural. Por conseguinte, as cidades só podem se definir, em cada época, em função ou das formas de vida econômica ou das formas de vida social.

Assim, se traçarmos uma síntese histórica, a cidade da Idade Média voltava-se para a região na qual estava inserida e para si mesma. Voltando-se para si mesma, sofreu um isolamento que ocasionou uma diminuição tanto espacial (relativa ao território) quanto quantitativa. No século XIX, renasceu, em algumas partes da Europa, o comércio inter-regional, reanimando, assim, as cidades que eram muito pequenas em relação às cidades modernas, muito concentradas (George, 1983).

George (1983) afirma que, a partir do século XIV, com a criação dos primeiros Estados modernos, o renascimento da ordem, as possibilidades de circulação cada vez mais maciças, tanto dos homens quanto das mercadorias, e a concentração dos poderes favoreceram o impulso do urbano, permitindo assim o desenvolvimento das grandes cidades. Contudo, é o nascimento do grande comércio marítimo e o início das grandes especulações financeiras e comerciais, no final do século XV e início do século XVI, que serão decisivos para o fortalecimento das cidades.

Na planta e no patrimônio dos monumentos das velhas cidades europeias poupadas pelas guerras, é fácil encontrar a contribuição de cada um dos períodos históricos. A Idade Média deixou uma marca duradoura nas cidades estreitas dos séculos obscuros (ou Idade Média grega): os contornos mais amplos que caracterizaram a chamada *expansão urbana* dos séculos XII ao XIV e do século XV. Já o período moderno deixou um legado à Idade Média: os bairros, que surgiram e passaram a fazer parte das cidades – os quais podem ser associados às casas imponentes dos novos ricos do açúcar ou das especiarias e, até uma certa época, do tráfico de escravos, e aos conhecidos palácios dos altos dignitários da administração da Igreja e do Exército.

No século XIX, a **industrialização** foi o principal motor do desenvolvimento urbano, além de um fenômeno tecnológico com múltiplas ressonâncias econômicas e sociais (George, 1983).

> É com o desenvolvimento das indústrias que se inicia um enorme movimento geográfico de matérias-primas, de produtos semimanufaturados, de produtos fabricados que provoca a implantação de novos sistemas de transporte, de novos organismos de comercialização, um sistema novo também de crédito a curto e a médio prazo, da especulação sobre as colheitas dos antípodas e sobre os produtos das minas dos "novos mundos". (George, 1983, p. 25)

Alguns autores consideram insuficiente entender a origem e a formação das cidades a partir da industrialização e do aumento da densidade demográfica nas cidades aliado a modificações no processo de trabalho, na seguinte sequência: artesanato, manufatura e grande indústria fabril[vi].

Sendo assim, a antiga ordem estabelecida é alterada devido a uma série de fatores, entre eles: a construção das estradas de ferro e dos portos modernos; a implantação de dispositivos hierarquizados de entrepostos e de cadeias de venda; a eclosão de grandes bancos de negócios, das bolsas de comércio, das agências de corretagem, das casas de câmbio, das agências de importação-exportação e das agências de organização de viagens.

Em meados do século XIX, muitas cidades acabaram estagnadas durante décadas por terem recusado, por exemplo, a passagem de estradas de ferro, ao contrário de outras, que, por terem uma estação de bifurcação e de triagem, passaram a gerir economicamente uma região. Com isso, inúmeras cidades tornaram-se muito grandes por acumularem uma série de atividades: produtivas, de gestão, de entreposto ou de redistribuição, de transporte, de trânsito, além de atividades industriais e administrativas. Isso se deve ao fato de que o núcleo herdado no período precedente, conforme esclarece George (1983), acabou sendo, em passo acelerado, cercado por uma massa ligeiramente organizada de novas construções funcionais e residenciais.

As mudanças ocorridas no século XX são visíveis, uma vez que esse período contornou as dificuldades, organizando diversas formas de "saídas" para o espaço urbano. Isso porque a indústria necessitava de espaços cada vez maiores, buscando terrenos

vi. Três autores clássicos da história urbana expõem de maneira diversa essas formas de abordagens: Lewis Mumford (1998), Leonardo Benévolo (1999) e Henri Lefebvre (1999).

em zonas suburbanas e criando novas unidades residenciais fora da antiga cidade.

Ainda de acordo com George (1983, p. 27),

> a Revolução Industrial[vii], por ter inaugurado uma economia de âmbito planetário, dirigida por seus realizadores, estende-se pelo mundo todo, sendo bem poucos os conjuntos urbanos ou cidades que não sofreram seus efeitos. Nas duas extremidades da gama de diferenciação dos tipos urbanos em face desses efeitos, estão o tipo de cidade nova, criação da industrialização, e o de cidade tradicional, que apenas captou um eco amortecido das grandes transformações ocorridas na Europa.

Uma das transformações das cidades refere-se ao **crescimento demográfico**. Como menciona Harquel (1990, citado por Abiko; Almeida; Barreiros, 1995, p. 37), a Revolução Industrial é quase imediatamente seguida por um explosivo crescimento demográfico das cidades, primeiro na Inglaterra, depois na França e na Alemanha. Após 1850, enquanto a população mundial se quadruplicava, a população urbana se multiplicava por dez. Esse grande crescimento da população urbana foi consequência de progressos científicos e técnicos realizados a partir da metade do século XVIII.

De acordo com Abiko, Almeida e Barreiros (1995), a população europeia, no período de 1800 a 1914, passou de 180 milhões para 460 milhões de pessoas, sem acrescentar aí um contingente de outras 100 milhões que emigraram para as Américas. Com o

---

vii. Sobre a Revolução Industrial no urbano, no âmbito planetário, temos: cidade nova (criação da industrialização); cidade, com passado, transformada (pela industrialização); e cidade tradicional (ecos da transformação) (George, 1983).

volume populacional triplicado, ocorreu a concentração da população em aglomerações a serviço das indústrias – era o fenômeno da urbanização criando novas cidades e transformando por completo as já existentes. Tal fenômeno trouxe como consequência uma realidade que merece ser estudada; afinal, os problemas urbanos são de tal importância que surgem propostas e justificativas para projetos e ações procurando resolvê-los. Os autores ainda afirmam que foi na Inglaterra, origem da grande indústria, que a miséria dos guetos de trabalhadores sensibilizou e revoltou algumas parcelas da sociedade, fazendo multiplicar, por volta de 1816, as reações contra o que se denominava "a cidade monstruosa" (Abiko; Almeida; Barreiros, 1995).

Enquanto na Europa se estendia o processo de industrialização com a concentração da população nas cidades, no Brasil ocorria a formação dos primeiros aglomerados urbanos e, posteriormente, a formação de vilas e cidades – afirmação diretamente ligada ao tipo de função que estas deveriam exercer –, assim como a atividade exploratória que impulsionava a economia em cada período (Volkweis, 2011). A formação urbana do Brasil como reflexo da tradição portuguesa pode ser melhor percebida durante o período em que o país foi colônia de Portugal, uma vez que nessa fase foi fundado um grande número de vilas e cidades de acordo com as premissas portuguesas.

Para Reis Filho (2000, citado por Volkweis, 2011, p. 20),

> as vilas e as cidades fundadas pela Coroa seguiam planos regulares desenvolvidos por arquitetos e engenheiros militares de Portugal, como por exemplo, Salvador e Rio de Janeiro. A partir de então, foram estabelecidas diretrizes específicas para a fundação de cada vila nova ou cidade, que levavam em

consideração a escolha do sítio, a função econômica, cívica ou religiosa e a disposição do equipamento.

Assim, os primeiros povoados se estabeleceram junto à costa,
mas muito cedo percebeu-se o quão vulneráveis estavam ao ata-
que de piratas e corsários; por isso, passaram a ser implantados
em locais mais protegidos (Volkweis, 2011).
Atualmente, a cidade apresenta outras características:

> não é mais um aglomerado urbano cujas delimita-
> ções físicas são claramente definidas. Ela se apresen-
> ta mais como um aglomerado de construções diver-
> sas, de rede de infraestrutura, de centros comerciais
> e equipamentos públicos (de saúde, educação etc.),
> de subúrbios mais ou menos interligados. O centro
> urbano aparece cada vez mais fragmentado, social
> e espacialmente. (Ipea, 2002b, p. 319)

A Organização das Nações Unidas (ONU) considera *cidade*
todo aglomerado com mais de 20 mil habitantes. Já no Brasil, toda
sede de município é considerada *cidade*, adotando-se, assim, um
critério puramente administrativo, independentemente do número de habitantes. No Quadro 1.2, podemos verificar o número de
municípios nos censos demográficos, segundo as Grandes Regiões
e as unidades da Federação de 1960 a 2010, e como ocorreu a sua
evolução no transcorrer das décadas.

Quadro I.2 – Número de municípios nos censos demográficos segundo as Grandes Regiões e as unidades da Federação – 1960/2010

Região	Grandes Regiões e Unidades da Federação	1960	1970	1980	1991	2000	2010
	Brasil	2.766	3.952	3.991	4.491	5.507	5.565
N	Região Norte	153	195	203	298	449	449
NE	Região Nordeste	903	1.376	1.375	1.509	1.787	1.794
SE	Região Sudeste	1.085	1.410	1.410	1.432	1.666	1.668
S	Região Sul	414	717	719	873	1.159	1.188
CO	Região Centro-Oeste	211	254	284	379	446	466

Fonte: IBGE, 2010.

Podemos observar, portanto, que ocorreu uma evolução expressiva nas Grandes Regiões e unidades federativas de 1960 até 2010, quando verificamos que o número de municípios passou de 2.766, na década de 1960, para 5.565, em 2010.

No início do século XXI, as cidades brasileiras continuam crescendo e se mantêm como áreas de atração para a população das áreas rurais. A principal função urbana nas cidades se concentra no setor terciário[viii] – que tem a maior concentração de postos de trabalho –, deixando de ser a produção industrial, que perdurou por um longo período.

Essa expansividade das cidades se deve a alguns fatores, como: a construção de novos bairros residenciais e dos chamados *polígonos*

---

viii. O setor terciário corresponde às atividades de comércio de bens e serviços (saúde, transporte, lazer, entretenimento, educação, entre outros).

industriais nas áreas periféricas; o desenvolvimento dos sistemas de transporte, que facilitam a comunicação entre o centro e as áreas mais distantes (áreas tidas como *periféricas*). Podemos afirmar que, com o crescimento desses núcleos, ocorreu a formação de novas estruturas urbanas, modificando suas características e, assim, extrapolando a clássica definição de *cidade*.

1.2 Geografia urbana e espaço urbano: seu campo de atuação

O que vem a ser *geografia urbana*? A geografia urbana, que teve início na década de 1910, é o ramo da geografia que se concentra na localização e no arranjo espacial das cidades. Clark (1985) explica que a geografia urbana objetiva acrescentar uma dimensão espacial à nossa compreensão dos lugares e dos problemas urbanos. Sendo assim, é também função dos geógrafos urbanos identificar e explicar a distribuição das cidades, assim como as semelhanças e os contrastes que ocorrem dentro delas e entre elas. Os geógrafos urbanos estão interessados no estudo do padrão urbano contemporâneo e nas maneiras como as distribuições e os arranjos internos das cidades se modificaram ao longo do tempo. Portanto, para o autor, "o foco, em geografia urbana, dirige-se à compreensão daqueles processos sociais, econômicos e ambientais que determinam a localização, o arranjo espacial e a evolução dos lugares urbanos" (Clark, 1985, p. 18).

A geografia urbana, portanto, pode ser definida como a área da geografia que busca estudar, compreender e realizar conjecturas sobre o espaço urbano e os seus processos constitutivos. Ao mesmo tempo, podemos afirmar que o estudo da geografia urbana é fruto de diferentes etapas (fases) que caminham simultaneamente com as mudanças sócio-históricas ocorridas no mundo. Portanto, podemos afirmar que o objeto de estudo da geografia urbana é o espaço urbano e as interações e intervenções sociais que nele acontecem. Corrêa (1989) afirma que a cidade tem se constituído, ao longo da história, como o principal local das **lutas sociais**.

Adotamos e utilizamos nesta obra o conceito de geografia urbana de Gonçalves de Abreu (1994, p. 134), para quem a geografia urbana é

> uma especialização da geografia que trata de uma especificidade do real: a cidade. [...] a geografia urbana trata do fenômeno urbano [...], entendido como qualquer manifestação que diz respeito à cidade, seja quanto ao processo de urbanização, seja quanto ao crescimento das cidades ou ao estudo da estrutura interna das mesmas.

Dessa forma, é importante entender o que é *espaço urbano*. Você já parou para pensar o que o espaço urbano significa? Podemos dizer que é uma forma de organização das atividades do ser humano de forma aplicada no meio geográfico. Esses arranjos são responsáveis pela formação das cidades e das atividades a elas inerentes, bem como pelo seu sistema de organização socioespacial.

Quinto Junior (2003) define o espaço urbano como resultado do processo de organização do espaço geográfico por meio da materialização da produção capitalista. Por consequência, o Brasil tende a uma organização pelo urbano, já que o setor primário (agropecuária) vem registrando uma crescente articulação com o setor secundário (industrial) nas últimas décadas, o que, de certa forma, vem transformando paulatinamente o campo brasileiro em um espaço urbano.

Assim, no atual momento capitalista, chamado por muitos autores de *globalização* – marcado pelo processo de descentralização industrial e pela formação de complexos agroindustriais, além do aceleramento das informações e do "encurtamento" das distâncias devido ao aperfeiçoamento dos transportes e à articulação da rede de comunicação e da informática –, é possível encontrar enclaves urbanos em áreas originalmente rurais e de hábitos agrários (Limonad, 1999).

O espaço urbano surge, portanto, com o advento do capitalismo, quando também começam a se desenvolver as indústrias, e se expande para além de seus limites iniciais. Para Lencione (2008, p. 118), trata-se do "desenvolvimento de uma sociedade pós-industrial, ou seja, de uma sociedade que 'nasce da industrialização e a sucede'".

Carlos (2011a, p. 134) argumenta que:

> o estágio atual da economia potencializa a cidade enquanto concentração de riqueza, poder, da riqueza mobiliária à imobiliária, permitindo a generalização do mundo da mercadoria que torna o uso do espaço da cidade cada vez mais dominado pelo valor de troca, no movimento que metamorfoseia o cidadão consumidor. A produção da cidade comandada pelo econômico elimina aos poucos o sentido da cidade como obra, espaços de criação e gozo.

Villaça (1998, p. 250) também argumenta que "a cidade a que comumente denominamos de capitalista originou-se sob a égide do mecanismo de mercado, imperando basicamente nas transações imobiliárias, nos loteamentos e mais tarde no espaço urbano produzido sob o impacto do automóvel".

Com isso, surge outro questionamento: Podem os conceitos de *urbano* e de *cidade* ter o mesmo significado? Destacamos que, embora os termos *urbano* e *cidade* sejam usualmente utilizados como sinônimos, são elementos distintos e com terminologia diferente no campo das ciências geográficas.

Para Corrêa (1989), a cidade pode ser definida como a concretização do urbano, abrangendo aglomerações populacionais e suas expressões (conjuntos de casas, prédios, áreas de lazer, arruamento etc.). Segundo o mesmo autor, o espaço urbano pode ser fragmentado e articulado, reflexo e condicionante social, um conjunto de símbolos e campo de lutas. É assim a própria sociedade em uma de suas dimensões, aquela mais aparente, materializada nas formas espaciais. Corrêa (1989) ainda apresenta o espaço urbano como um reflexo tanto de ações que se realizam no presente como também daquelas que se realizaram no passado e que deixaram suas marcas impressas nas formas espaciais da atualidade. Já para Carlos (1994, p. 181), "o urbano é mais que um modo de produzir, é também um modo de consumir, pensar, sentir, enfim é um modo de vida".

Santos (1994a), Rolnik (1988) e Lefebvre (2001) apresentam as diferenças existentes entre o **urbano** e a **cidade**. Para Santos (1994a, p. 69), há uma diferença intensa entre urbano e cidade: "o urbano é comumente o abstrato, o geral, o externo. A cidade é o particular, o concreto, o interno". Já para Rolnik (1988, p. 22), "a cidade é um espaço marcado por uma aglomeração humana, que se apresenta mais ou menos organizada em ruas, marcada pela presença de atividades econômicas não agrícolas que, na maioria dos casos, funcionam como um campo magnético que atrai, reúne e concentra homens". Na concepção de Lefebvre (2001, p. 20), "ao contrário da cidade, o espaço denominado *urbano* não se refere a uma materialidade física, mas sim a um conjunto de manifestações em que predominam as atividades econômicas, os processos sociais e os costumes da cidade sobre o campo".

Portanto, o espaço urbano, devido aos seus diferentes usos da terra e às suas diferentes paisagens urbanas, é fragmentado, formando assim o que chamamos de *mosaico urbano*, sendo constituído por: núcleo central; zona periférica do centro; áreas industriais, chamadas *subcentros*; áreas residenciais distintas, tanto em forma quanto em conteúdo, como as favelas e os condomínios exclusivos; áreas de lazer e, entre outras, aquelas submetidas à especulação imobiliária visando à futura expansão (Corrêa, 1989).

Para saber mais

GEORGE, P. **Geografia urbana**. São Paulo: Difel, 1983.

Lencioni (2008, citado por Reani, 2013) apresenta a diferença existente entre *cidade* e *urbano*. Enquanto o conceito de cidade, é antigo e aparece em velhas edições de dicionários, o conceito de urbano é algo mais recente. Segundo o autor, o conceito de cidade no Brasil refere-se a um aglomerado sedentário que se caracteriza pela presença de mercado (troca) e apresenta uma Administração Pública – conceito que se altera segundo referências e segundo o tempo histórico. Já o conceito de espaço urbano está relacionado à sociedade capitalista industrial (Reani, 2013, p. 24).

Para além dessas aparentes simples definições sobre o urbano e a cidade, há um complexo encadeamento de ideias. Para concluir, Araújo (2012, p. 18), citando Lefebvre (1986, 1972, 2001), diz que o "urbano é a simultaneidade, a reunião, é uma forma social que se afirma"; já a cidade "é um objeto espacial que ocupa um lugar e uma situação" ou "a projeção da sociedade sobre um local".

1.3 A produção do espaço urbano e seus agentes

Outra questão a ser respondida quando se discute a produção e a reprodução do espaço urbano é: Quem são os **agentes sociais** que fazem e refazem a cidade? Ou seja, quem produz e é responsável pela fragmentação do espaço urbano e qual o papel de cada agente na produção do espaço urbano?

Corrêa (1989, p. 11) afirma "que o espaço urbano é um produto social, resultado de ações acumuladas através do tempo, e engendradas por agentes que produzem e consomem o espaço". Na concepção de Corrêa (1989), os agentes sociais que fazem e refazem a cidade são cinco:

1. os proprietários dos meios de produção, sobretudo os grandes industriais;
2. os proprietários fundiários;
3. os promotores imobiliários;
4. o Estado;
5. os grupos sociais excluídos.

Assim, para o autor, cada um dos agentes sociais desempenha estratégias e ações concretas no processo de fazer e refazer a cidade, que podem ser melhor compreendidas no Quadro 1.3.

Quadro I.3 – Ações e estratégias concretas desempenhadas pelos agentes sociais no processo de fazer e refazer a cidade

Os proprietá-rios dos meios de produção, sobre-tudo os grandes industriais	São, em razão da dimensão de suas atividades, grandes consumidores de espaço. Necessitam de terrenos amplos e baratos que satisfaçam requisitos locacionais pertinentes às atividades de suas empresas – junto a portos, a vias férreas ou em locais de ampla acessibilidade à população.
Os proprietários fundiários	Atuam no sentido de obter a maior renda fundiária de suas propriedades, interessando-se em que estas sejam usadas de modo a darem o maior lucro possível, especialmente para uso comercial ou residencial de *status*. Estão interessados no valor de troca da terra e não no seu valor de uso. Alguns dos proprietários fundiários, os mais poderosos, podem até mesmo ter suas terras valorizadas por meio do investimento público em infraestrutura, especialmente viária.
Os promotores imobiliários	Conjunto de agentes que realizam, parcial ou totalmente, as seguintes operações: incorporação; financiamento; estudo técnico; construção ou produção física do imóvel; e comercialização ou transformação do capital-mercadoria em capital-dinheiro, agora acrescido de lucro.
O Estado	Atua também na organização espacial da cidade. Sua atuação tem sido complexa e variável tanto no tempo como no espaço, refletindo a dinâmica da sociedade da qual é parte constituinte.

(continua)

Os grupos sociais excluídos	São aqueles que não possuem renda para pagar o aluguel de uma habitação digna e muito menos para comprar um imóvel. Esse é um dos fatores que, ao lado do desemprego, das doenças e da subnutrição, delineiam a situação social dos grupos excluídos. A essas pessoas restam como moradia: cortiços, sistemas de autoconstrução, conjuntos habitacionais fornecidos pelo agente estatal e as degradantes favelas.

Fonte: Elaborado com base em Corrêa, 1989, p. 13-31.

Existe, portanto, uma semelhança entre os três primeiros agentes descritos no Quadro 1.3, que é a apropriação de uma renda da terra, sendo que todos os cinco agentes se inter-relacionam. Reani (2013) conclui que os interesses dos grupos sociais excluídos vão de encontro aos dos três primeiros agentes – ou seja, os proprietários dos meios de produção, sobretudo os grandes industriais, os proprietários fundiários e os promotores imobiliários. Já o Estado tem o papel de tentar minimizar os conflitos de classe. A atuação desses agentes vai produzir o espaço urbano, bem como sua fragmentação e articulação.

Reani (2013) argumenta que a produção do espaço urbano está, pois, relacionada aos diferentes usos do solo, ou seja, à forma como o espaço vai ser apropriado e quem se apropriará desse espaço. Isso, na sociedade capitalista, irá gerar vários conflitos relacionados ao domínio do espaço.

Síntese

Neste capítulo, abordamos questões referentes à problematização inicial: O que é a cidade? O que vem a ser a geografia urbana? Podem os conceitos de *urbano* e de *cidade* ter o mesmo significado? Quem são os agentes sociais que fazem e refazem a cidade?

Para entender como ocorre o processo de produção do espaço urbano, os impactos e os desafios de uma nova urbanização, é preciso ter claros os conceitos-chave da geografia urbana. O conceito de cidade foi mudando e alterando-se ao longo dos tempos, deixando de ser meramente descritivo para levar em consideração outro elemento: as lutas sociais. A origem da cidade se confunde, portanto, com a origem da sociedade de classes, a qual a precede historicamente.

O estudo da geografia urbana também é fruto de diferentes etapas (fases) que caminham simultaneamente com as mudanças sócio-históricas ocorridas no mundo e no Brasil, assim como aquelas aplicadas ao conceito de cidade. Já o conceito de espaço urbano está relacionado à sociedade capitalista industrial.

Com isso, buscamos definir e apresentar a diferença entre os termos *urbano* e *cidade*, pois, embora sejam usualmente utilizados como sinônimos, são elementos distintos, com terminologia diferente no campo das ciências geográficas.

Para finalizar, discutimos os cinco principais agentes sociais responsáveis por fazerem e refazerem a cidade, sendo eles: os proprietários dos meios de produção, sobretudo os grandes industriais; os proprietários fundiários; os promotores imobiliários; o Estado e os grupos sociais excluídos.

Indicações culturais

Documentários

CIDADES: da aldeia à megalópole 1-4. 4 jun. 2012. Disponível em: <https://www.youtube.com/watch?v=pvooJuwSWBA>. Acesso em: 14 fev. 2016.

CIDADES: da aldeia à megalópole 2-4. 4 jun. 2012. Disponível em: <https://www.youtube.com/watch?v=H8kCh5aWkyE>. Acesso em: 14 fev. 2016.

CIDADES: da aldeia à megalópole 3-4. 4 jun. 2012. Disponível em: <https://www.youtube.com/watch?v=OtQg4NcH9ks>. Acesso em: 14 fev. 2016.

CIDADES: da aldeia à megalópole 4-4. 4 jun. 2012. Disponível em: <https://www.youtube.com/watch?v=bMMQ2AkoXhg>. Acesso em: 14 fev. 2016.

Assista ao documentário "Cidades: da aldeia à megalópole", dividido em quatro partes. Os vídeos discutem as razões de a humanidade, sempre que tem a chance de escolher, preferir o corre-corre urbano ao sossego campestre. O movimento em direção às cidades começou há mais de 5 mil anos, quando surgiram as primeiras delas, na Mesopotâmia, e nunca mais parou. O início do século XXI marcou o momento em que, no mundo inteiro, passou a existir mais gente nas cidades do que no campo. Conheça, por meio desses vídeos, a história, as vantagens e os problemas da urbanização.

Site

ANPUR – Associação Nacional de Pós-graduação e Pesquisa em Planejamento Urbano e Regional. Disponível em: <http://www.anpur.org.br/>. Acesso em: 14 fev. 2016.

Nesse site, pode ser encontrada uma série de informações sobre eventos na área de planejamento urbano e regional, além da indicação de artigos e revistas científicas sobre a temática urbana para complementar os seus estudos.

Atividades de autoavaliação

1. Para George (1983), as cidades atuais podem ser organizadas em quatro gerações, que se distinguem devido aos ritmos de crescimento e também ao aspecto urbano. Sobre essas gerações de cidades e suas características, assinale as afirmativas apresentadas a seguir como verdadeiras (V) ou falsas (F) e, depois, marque a alternativa que contém a sequência correta:

   ( ) Uma primeira geração, conhecida como *velha geração*, apresenta características de cidades pouco tocadas pelas formas recentes de desenvolvimento urbano e cidades seculares ou milenares do Oriente Médio.

   ( ) Uma segunda geração apresenta características de desenvolvimento provocado pela projeção da economia europeia fora da Europa no quadro das políticas coloniais e da organização dos mercados mundiais.

   ( ) Uma terceira geração, com cidades que apresentam longo passado histórico, além de sofrer diretamente com o choque da industrialização e o aumento da população, acompanhou as profundas transformações do organismo urbano, entre outros fatores.

( ) Uma quarta geração se refere às criações urbanas dos países de povoamento recente que tiveram um período pré-industrial curto ou mesmo nulo.

a) V, F, V, F.

b) V, F, F, V.

c) F, V, V, F.

d) F, F, V, V.

2. (ENADE 2014) Os agentes sociais produtores do espaço urbano são aqueles que "fazem e refazem a cidade": (I) os proprietários dos meios de produção (especialmente os industriais), (II) os proprietários fundiários, (III) os promotores imobiliários, (IV) o Estado e (V) os grupos sociais excluídos. CORRÉA, R. L. O Espaço Urbano. 3 ed. São Paulo: Ática, 1995 (adaptado).

I. Os proprietários dos meios de produção são agentes sociais produtores do espaço urbano.

II. Os proprietários fundiários são agentes sociais produtores do espaço urbano.

III. Os promotores imobiliários são agentes sociais produtores do espaço urbano.

IV. O Estado é um agente social produtor do espaço urbano.

V. Os grupos sociais excluídos são agentes sociais produtores do espaço urbano.

a) Somente as afirmativas I, II e III são corretas.

b) Somente as afirmativas I, III e IV são corretas.

c) Somente as afirmativas II, III e V são corretas.

d) Somente as afirmativas I, II, III e IV são corretas.

e) Todas as afirmativas são corretas.

3. Leia o excerto a seguir: "são, em razão da dimensão de suas atividades, grandes consumidores de espaço. Necessitam de terrenos amplos e baratos que satisfaçam requisitos locacionais pertinentes às atividades de suas empresas – junto a portos, a vias férreas ou em locais de ampla acessibilidade à população. Porém, as relações entre os proprietários dos meios de produção e a terra urbana são mais complexas. A especulação fundiária tem duplo efeito. De um lado onera os custos de expansão na medida em que esta pressupõe terrenos amplos e baratos. Do outro, o aumento do preço dos imóveis, resultante do aumento do preço da terra, atinge os salários da força de trabalho" (CORRÊA, R. L. **O espaço urbano**. 3. ed. São Paulo: Ática, 1995. Série Princípios. p. 10).

O trecho se refere a quais dos agentes sociais que fazem e refazem a cidade?

a) Aos promotores imobiliários.

b) Aos grupos sociais excluídos.

c) Aos proprietários dos meios de produção, sobretudo os grandes industriais.

d) Ao Estado.

4. Como visto neste capítulo, muitos são os conceitos sobre o que é cidade à luz de diversos autores que discorrem a respeito do tema. Sobre isso, leia as alternativas apresentadas a seguir e assinale a correta:

a) Na concepção de Rosendahl (2008), existe uma vertente interpretativa em relação à origem das cidades que se refere a pensadores que valorizam os fatores políticos e sociais. Entre eles, destacam-se Tuan, Eliade e Mumford.

b) George, em seu livro de 1893, apresenta que as cidades na atualidade pertencem a três gerações que se distinguem em dois fatores: o primeiro diz respeito ao ritmo de industrialização; já o segundo, à concentração de postos de trabalho.

c) Harvey, em uma de suas publicações na década de 1970, argumenta que cidades são concentrações geográficas de excedente social, porque o investimento ganha eficiência ao ser implementado de forma concentrada, em função da operação de economias de escala e aglomeração.

d) O período da Idade Moderna tem como característica principal a industrialização, que funciona como um divisor de águas entre a cidade e o campo. Já na Idade Média, são os bairros que podem ser associados às casas imponentes dos novos ricos do açúcar ou das especiarias.

5. Leia o trecho a seguir:

> [...] esta seria uma especialização da geografia que trata de uma especificidade do real: a cidade [...] trata do fenômeno urbano [...] entendido como qualquer manifestação que diz respeito à cidade, seja quanto ao processo de urbanização, seja quanto ao crescimento das cidades ou ao estudo da estrutura interna das mesmas. (Abreu, 1994, p. 134)

O conceito apresentado se aplica:

a) ao espaço urbano.

b) à produção do espaço urbano.

c) aos agentes sociais.

d) à geografia urbana.

Atividades de aprendizagem

Questões para reflexão

1. Pudemos perceber que o estudo da geografia urbana levanta várias questões presentes em nossa realidade, seja quando andamos pela cidade, seja quando assistimos aos noticiários etc. Em muitas situações, portanto, a cidade desperta grande interesse. Nela se localiza a maior parcela da população e os investimentos de capital são maiores, sendo o principal lugar dos conflitos sociais. Portanto, estudar a cidade é estudar o nosso cotidiano. O que significa dizer, então, que a geografia urbana busca entender a realidade histórica do espaço urbano?

2. A cidade é o lugar onde ocorrem as interações sociais, econômicas e políticas, surgindo como espaço da representação dessas interações. Portanto, a cidade é produto do homem e das suas relações de trabalho e consumo, um ambiente que é produto social. Observando a sua cidade, verifique como as interações sociais, econômicas e política ocorrem. Pode-se afirmar que o espaço urbano é fragmentado? Como esses espaços se articulam?

Atividades aplicadas: prática

1. Com base no que foi discutido, realize uma pesquisa sobre a história de sua cidade. Para essa pesquisa, utilize documentos, livros, fotografias, bem como a história de vida dos próprios moradores. Procure saber como, quando e onde surgiram as primeiras ruas, as primeiras casas, onde se localizavam a feira, o mercado e os locais de lazer dos moradores no passado. Caminhe pelo centro da sua cidade e registre as atividades econômicas presentes.

2. Com um mapa do seu Estado em mãos, procure localizar as cidades que estão próximas a sua cidade. Após esse levantamento, realize uma análise da relação político-econômica que essas cidades estabelecem umas com as outras

2

O espaço urbano e sua dimensão metropolitana

Nosso objetivo neste capítulo é reunir, em um único texto, ideias e discussões que foram construídas ao longo dos anos sobre a necessidade de pensar o espaço urbano com base no pressuposto de que as relações sociais se concretizam na qualidade das relações espaciais. Essa reflexão é importante em um momento em que ocorre uma intensificação do processo de urbanização no mundo. Esse processo se inicia com uma prática socioespacial que tem relação com a forma como as pessoas vivem nas cidades e se apropriam do espaço urbano como elemento constitutivo e fundamental para a sua existência.

Fenômenos como a industrialização e o desenvolvimento do comércio são características da cidade, que deve ser percebida também como o lugar onde se estabelece o sentido da vida humana em todas as suas dimensões, onde o produto se materializa por meio do trabalho em um processo histórico-social cumulativo, marcado pela divisão social do trabalho instituída no passado, que se constrói no presente e prepara a sociedade para uma realidade futura. É impensável analisarmos a cidade separada do contexto histórico, haja vista as mudanças contínuas e descontínuas que surgem das combinações entre espaço e tempo urbanos.

2.1 A formação do espaço urbano e suas relações socioespaciais

A formação do espaço urbano tem uma relação histórica e espacial com a cidade. Apesar da existência de distinções claras entre cidade e espaço urbano, conforme vimos no Capítulo 1, há uma relação indissociável entre ambos, já que a formação do tecido urbano surge na dinâmica socioespacial das cidades, marcada pelo aumento da população que se aglomera e se concentra na reprodução do espaço em determinado tempo.

Para Rolnik (1988), fruto da imaginação e do trabalho articulado de muitos homens e mulheres, a cidade nasce de uma nova relação desses indivíduos com a natureza. O ser humano estabelece o seu domínio permanente sobre o espaço mediante o controle ritual e material do território, o que exige organização da vida social, gestão da produção coletiva, aglomeração humana e centralização do poder político. As cidades – sejam as antigas, sejam as grandes metrópoles atuais – funcionam como um ímã, que, por meio de suas várias edificações e torres, atraem diferentes grupos de seres humanos para as mais diversas atividades.

De acordo com Santos (2000), essa estrutura surge pela Divisão Internacional do Trabalho (DIT), em um período em que o ser humano passa a ter domínio sobre as ferramentas de trabalho, estabelece o controle sobre as formas de produção e um determinado grupo passa a cuidar do excedente gerado por esse processo de produção. O grupo que tem domínio sobre o excedente de produção agrícola se fortalece como grupo ideológico e político dominante sobre uma determinada condição espacial, pois utiliza o excedente agrícola como moeda de troca. Afinal, "ao se tornar produtor, isto é, um utilizador consciente dos instrumentos de trabalho, o homem se torna ao mesmo tempo um ser social e um criador de espaço" (Santos, 2000, p. 27).

As mudanças ocasionadas com o fim do feudalismo fortaleceram o desenvolvimento das cidades, estabelecendo o domínio das relações capitalistas de produção. Nas cidades passaram a predominar a oferta e a demanda de bens e serviços voltados ao atendimento das necessidades de quem nelas vive. Na Europa, essa situação foi realçada pelas grandes descobertas marítimas e pelo feito de Fernão de Magalhães (ver box a seguir), cabendo aos europeus implementar, após sérios confrontos e combates militarmente desiguais com povos dos continentes asiático, africano e americano, as primeiras bases de colonização, com localidades de produção e comércio. Dessa forma, novas cidades surgiram e outras, como as cidades europeias, expandiram-se em intensas relações de trocas e aprimoramento das técnicas de produzir e executar bens e serviços. Apesar de todo o desenvolvimento – e é bom ressaltar que este ocorreu de forma desigual –, muitas cidades ainda continuaram dependendo daqueles que ficaram estabelecidos no campo. Com a consolidação do capitalismo industrial, a cidade passou a ter maior movimentação de capitais, mais recursos e maior domínio sobre o campo.

Fernão de Magalhães

Fernão de Magalhães (1480-1521) nasceu em Sabrosa, na região de Trás-os-Montes, no norte de Portugal. Pertencia à quarta ordem da nobreza portuguesa – formada por fidalgos da cota de armas. Foi educado como pajem da rainha Leonor, esposa de D. João II. Como navegador, realizou a primeira viagem de circum-navegação do mundo. Partiu do porto de Sanlúcar, na Espanha, no dia 20 de setembro de 1519. Após longa viagem do Oriente para o Ocidente, pelos oceanos Atlântico, Pacífico e Índico, sua esquadra regressou à Espanha, no dia 7 de setembro de 1522, sem Fernão de Magalhães, que morreu nas Filipinas.

Conforme Lefebvre (2001), essa separação entre a cidade e o campo estabeleceu a **divisão biológica do trabalho** (entre sexos e idades), a **divisão técnica do trabalho** (organização do trabalho segundo os instrumentos e as habilidades) e a **divisão social do**

trabalho (separação entre o trabalho material e o trabalho intelectual e, por conseguinte, entre o natural e o espiritual). O trabalho intelectual, realizado pelos habitantes da cidade, concentrou-se na organização e na direção das atividades políticas e militares, além da produção do conhecimento filosófico e científico. Dessa maneira, a cidade se transformou através do tempo pelo desenvolvimento de sua produção material, com modificações profundas em seu processo de produção, na sua relação com o campo, nas relações de classes e de propriedade existentes e no aprimoramento da racionalidade.

Para Rolnik (1988), a cidade tem uma forte relação com a **escrita**, estabelecida pela necessidade de memorização e de quantificação empregadas nas mais diversas situações: no trabalho coletivo, na arquitetura urbana, na geração e acumulação de riquezas, na sistematização e elaboração de conhecimentos. A geração do excedente produtivo contribuiu para o estabelecimento permanente do ser humano na cidade – seja como consumidor, seja como produtor –, o que fez dela seu lugar de moradia e impulsionou, por meio dela, a produção agrícola no campo. O estabelecimento na cidade representa, para o ser humano – esteja ele habitando um apartamento ou um conjunto residencial, ou estando dentro de um automóvel em qualquer espaço urbano da cidade –, aceitar a vivência coletiva marcada por **regras, regulamentos** e **normas** que promovem certa ordem e definem o que é ou não permitido.

De modo geral, desde o seu surgimento, a cidade representa uma forma de organização do território e o estabelecimento de uma estrutura política que possa manter essa ordem. Nesse sentido, a cidade e o urbano não podem ser compreendidos separadamente, dissociados da organização e da política. Nessa forma de constituição da cidade estão as instituições municipais e as instituições mais gerais, como as que dependem do Estado.

Habitar a cidade significa **participar da vida pública**. É nela que estão estabelecidas as sedes do poder político, do poder militar e das instituições religiosas, que coexistem com as instituições propriamente urbanas, administrativas e culturais.

2.2 A constituição da cidade e suas transformações

A história revela diferentes modelos de constituição da cidade. Lefebvre (2001) cita a cidade oriental como expressão e projeção prática da cidade assentada no modo de produção asiático, que controlava e organizava economicamente a produção agrícola. Já no modo de produção escravagista, a cidade se organizava por meio da violência e da racionalidade da justiça, que substituia o camponês livre e o proprietário de terra pelas propriedades compostas por grandes extensões de terras, dominadas por latifundiários. Muitas dessas cidades eram marcadas pelo poder da realeza, cuja base de sustentação era a guerra, por meio da qual se conquista, se estabelece e se defende um território. No centro de tais cidades, expressando uma divisão do trabalho estabelecida social, espacial e hierarquicamente, encontravam-se reis, nobreza, sacerdotes, guerreiros e escribas e, ao seu redor, habitavam artesãos, empregados, camponeses e escravos.

Rolnik (1988) compara as cidades do Ocidente que compartilhavam sua existência com o modo de produção feudal (no qual predominava fortemente a agricultura) com a pólis, Cidade-Estado grega na qual a expressão da dimensão política do urbano era dividida em duas partes: a acrópole e a ágora. A acrópole, situada no alto da colina, fortificada, reunia o centro religioso e o poder.

A ágora, estabelecida na parte baixa, representava o espaço no qual a cidade se desenvolvia em torno de um grande local de reunião. As cidades do Ocidente, segundo a autora, eram também lugar de comércio, de teatro, de conflitos sociais entre a burguesia nascente e os proprietários de feudos, onde estavam presentes o poder da ação estatal na figura da corte e do rei – relação que fortalece na cidade a **divisão espacial do poder** (Rolnik, 1988).

Conforme Rolnik (1988), na Roma Antiga, o fórum tornou-se o lugar central onde os cidadãos se reuniam no estilo da ágora ateniense, sem a proibição da entrada dos mercadores, sem a interferência da decisão e do poder da acrópole, do culto aos deuses e do mercado, para compra e venda. Essa autora destaca que, na cidade medieval, eram os mercadores que enriqueciam com os lucros gerados pelo comércio. As atividades de comércio, manufaturas e finanças contribuíram para a expansão das cidades e de sua relação econômica com outras cidades. Esse processo de acúmulo de capital, de expansão manufatureira e de comércio intercidades se tornou alicerce para o surgimento da **cidade capitalista**. Esse modelo de cidade ocidental também se estabeleceu no continente americano, marcado politicamente pela presença de um Estado que se formou sob a égide do desenvolvimento do capitalismo e foi apropriado pela burguesia, que usou todos os seus instrumentos para dominar e manter coeso todo o conjunto da sociedade.

Na cidade capitalista, o espaço é determinado pela sociedade urbana, que se apropria e passa a ter o domínio sobre ele. Para Lefebvre (2001), a sociedade urbana surgiu com a industrialização e se ampliou com base em estratégias políticas que exerceram influência sobre a produção e essa reprodução do espaço, estabelecendo normas e regras para que a sociedade convivesse harmonicamente com os diversos estabelecimentos que proliferavam, como bancos, organizações financeiras, lojas, instituições religiosas e edifícios do poder político que se ampliavam com a reprodução coletiva da força de trabalho.

Dispostas dentro de uma prática espacial local, onde pessoas circulam, apoderam-se de ruas e praças, percebem os vazios da cidade e a opulência dos edifícios e monumentos, vivenciam momentos de realidade e teatralização e compartilham das festas e cerimônias que ressaltam as significações e os significados do lugar, as organizações e instituições se reproduzem e dinamizam a urbanização capitalista. A cidade tem uma escrita que pode ser lida em seus monumentos, ordens e representações, bem como o urbano ao seu lado, que tem nos sons e nas vozes emitidos a sua fala. Desse modo, o conjunto da cidade expressa as condições de vida e de morte, as desgraças e as alegrias. Segundo Lefebvre (2001, p. 68), "a cidade transmite uma ordem. Essa ordem da escrita urbana nunca ou quase nunca é unitária. Existe a ordem religiosa, a ordem moral, a ordem política, cada uma nos remetendo a uma ideologia com suas implicações práticas".

Com a consolidação do capitalismo, em sua fase industrial, a cidade passou por diversas transformações, atraindo para o seu bojo uma quantidade vasta de pessoas que exercem influência sobre o processo de aglomeração e valorização do espaço urbano e contribuem para a expansão do tecido urbano[i], o qual se estende sobre uma grande parte do território. Para Lefebvre (2001), há uma implosão-explosão das cidades e as populações urbanas crescem de forma desordenada e se estendem inquietantemente

---

i. Lefebvre (2001) se refere ao *tecido urbano* como uma metáfora não bem definida, que se estende sobre o território, designando uma espécie de proliferação biológica como se fosse uma rede de malhas desiguais sobre lugarejos, aldeias ou regiões inteiras. É uma unidade coerente, que não se limita à sua morfologia, mas se estende sobre uma ou mais cidades antigas ou recentes. É um suporte de um modo de viver mais ou menos intenso ou degradado: a sociedade urbana.

sobre o tecido urbano marcado pela diferenciação técnica e social do trabalho. Essa ocupação provoca a deterioração de muitos núcleos urbanos antigos, devido ao nível elevado de densidade demográfica, e força os habitantes a se deslocarem para as periferias distantes para estabelecer moradia ou encontrar trabalho, enquanto o centro é ocupado por estabelecimentos comerciais, escritórios financeiros, representações de poder e de grandes corporações. Em muitos países, como nos Estados Unidos (EUA), os centros são abandonados e dão lugar a guetos que servem de moradia a pessoas menos abastadas.

Scott (2012) identifica **três grandes ondas de importância histórica** para a cidade. A primeira está relacionada ao século XIX, com a instalação das fábricas e das oficinas nos centros manufatureiros e com o fortalecimento da burguesia inglesa. A segunda com o desenvolvimento do sistema fordista, baseado no sistema de produção em massa estabelecido nas grandes áreas metropolitanas dos Estados Unidos nas primeiras décadas do século XX. A terceira, considerada de maior desenvolvimento da urbanização capitalista, é denominada *pós-fordista* ou *nova economia*, ainda em desdobramento nas "cidades-regiões". Cada cidade pode ser caracterizada por uma espécie de "tipo-ideal", que representa uma noção condensada dos sistemas funcionais que constituem o espaço intraurbano. Esse espaço é estruturado por relações sociais e de propriedade capitalista que se mantêm com um tipo particular de base econômica, uma divisão específica do trabalho, um padrão espacial definido dos bairros, e assim por diante, aos quais se acrescenta um conjunto de problemas e predicados que moldam suas agendas políticas e de planejamento.

De acordo com Clark (1985), na sociedade pré-industrial, a cidade tinha como objetivo atender às necessidades da agricultura. Seu povoamento ocorria devido às possibilidades de moradia, à proximidade com o local de produção e ao acesso ao mercado. Nela desenvolveu-se o processo manufatureiro que visava atender os moradores ao menor custo possível. No estabelecimento das manufaturas e dos diversos serviços oferecidos, a cidade se tornou um centro de atração para novos moradores. Com o desenvolvimento da indústria, a cidade passou a realizar importantes serviços que contribuiram para o aumento do número de postos de trabalho.

As indústrias e os serviços também se ampliaram no âmbito dos negócios e no nível governamental, que passaram a ter no núcleo urbano, principalmente das grandes cidades, preferências para suas instalações. Essa motivação também promoveu um processo de aglomeração de grandes populações que buscavam melhores condições de vida, moradia e trabalho nas cidades e em seu entorno, estabelecendo um desenvolvimento socioespacial e demográfico inserido em uma dinâmica de urbanização capitalista da produção, consumo e exploração da mão de obra.

Para Scott (2012), o processo de urbanização no sistema capitalista passa por uma nova fase de desenvolvimento, influenciado pelo grau de relacionamento, pela extensão do papel e da importância global exercidos pela cidade na contemporaneidade. Essa importância ocorre, em parte, devido aos acréscimos espaciais da atividade econômica favorecidos pelo desenvolvimento do setor produtivo, do comércio, do setor financeiro e dos demais setores da economia urbana. Para esse autor, as cidades apresentam diferenças significativas entre elas e nem todas podem ser compreendidas como aglomerações com forte intensificação de capital e trabalho, mas todas dependem dos resultados obtidos pela dinâmica capitalista (Scott, 2012). Todas as cidades têm certas qualidades genéricas, dependendo das variações nos tipos de capitalismo a que estão associadas.

Com relação às variações dos tipos de cidades existentes no sistema capitalista, Santos (1996) destaca que ocorre um princípio de unidade que está relacionado ao mercado e ao território urbano, inseparáveis e interdependentes, que exercem forte influência sobre a vida na cidade. No espaço urbano há diversas formas de produção, cada uma com seus modos específicos, suas diferentes maneiras de produzir, distribuir e consumir, que variam conforme a detenção quantitativa de cada setor dos fatores de produção e do nível de informação. Na mesma cidade, é o **mercado** o responsável por reunir e organizar os diversos segmentos existentes no território com base em uma lógica urbana unitária. As estratégias dessa organização envolvem, além dos espaços destinados à produção e ao comércio, espaços reservados ao lazer, à realização de festas, desfiles e visitações, proporcionando um espaço voltado a outro modelo de consumo: o da visitação e do turismo.

2.2.1 A dinâmica da aglomeração e extensão da cidade

Para Carlos (2011a), o modelo de produção – marcado primeiramente pelo desenvolvimento industrial e, na sequência, pelo mercado capitalista – tem grande responsabilidade sobre o crescimento da aglomeração da população urbana, dada a sua forma de organização dos meios de produção e sua ocupação do espaço urbano. Esse modelo forja a concentração da mão de obra nas proximidades de onde se localizam a oferta de trabalho e emprego, contribuindo para a extensão da malha para além dos espaços iniciais da cidade. A dinâmica da cidade se espalha levando a outras localidades, inclusive ao campo longínquo, as necessidades, os valores e as formas de produzir, consumir e pensar da vida urbana, antes restrita ao núcleo urbano.

A cidade transborda e se expande, segundo Lefebvre (2001), mas mantém o **núcleo urbano** como parte essencial de sua imagem e conceito. Apesar de muitas vezes perder sua importância, ser relativamente deteriorado, abandonado e revitalizado, o núcleo urbano nunca deixou de existir. Ele pode ter tido seu fim anunciado, mas, reinventado, acolhe as mais diversas instituições e fortalece suas estruturas de poder no espaço da cidade.

Com o processo de aglomeração e extensão das cidades, surgiram problemas relacionados às questões da terra e de segregação social e espacial. Para Lefebvre (2001), nas cidades as classes dirigentes, proprietárias dos meios de produção, além de manterem o domínio sobre os empregos, controlam os investimentos produtivos e de capital, investem parte de suas riquezas na arte e no conhecimento e estabelecem sua hegemonia por meio de todo um aparato ideológico que mantém um **sistema de coesão social**. Por outro lado, os trabalhadores, divididos em várias camadas sociais, exercendo papéis diversos na indústria, no comércio e nos demais setores da economia, conforme as tradições locais, convivem em encontros e desencontros, confrontos e conflitos com a classe dirigente, coexistindo sob esse sistema de coesão social presente na vida urbana.

Na França, a vida urbana pressupunha a participação de todos convivendo dentro das normas e das regras estabelecidas com base em preceitos liberais, com a democracia instituída por meio de discursos praticados pela burguesia francesa no final do século XVIII. O surgimento da **democracia** se constituiu como um fator importante para o fortalecimento das atividades urbanas, porém representava ameaça aos privilégios obtidos pela classe dominante, "revolucionária", francesa, que passou a impor todo tipo de dificuldades para que, de fato, ela se concretizasse e fosse acessível a todos os habitantes da cidade.

Após a Comuna de Paris, a elite dominante, representada por Napoleão III, deixou a cargo do Barão de Haussmann[ii] o processo de higienização e de reforma urbana da cidade, que transformou bairros pobres e sórdidos em bairros de alto padrão e valorização destinados à moradia da burguesia. Com a demolição de residências que serviam, em sua maioria, de moradia aos operários e a suas famílias, os quais foram banidos da região central para a periferia, deu-se origem a um processo de **descentralização da cidade** e de **proliferação dos subúrbios**. Com esse processo de suburbanização, os trabalhadores deixaram de ter uma percepção sobre a forma urbana para viver esparsamente no tecido urbano. A elite dominante, por meio do Estado, estabeleceu normas e regras para a construção de habitações e o surgimento de novos loteamentos nos subúrbios. Os trabalhadores que necessitavam de moradia dependiam da definição de recursos de uma elite que priorizava investimentos nas áreas centrais da cidade em detrimento dos subúrbios.

O estilo de modernização central da cidade foi marcado por uma estratégia de valorização do uso do solo urbano pelo mercado imobiliário e pelo deslocamento de boa parte da população para os subúrbios, o que ampliou o processo de **segregação social e espacial** vivenciado nos grandes centros urbanos. Essa estratégia, ainda segundo Lefebvre (2001), influenciou na corrida por loteamentos de maior infraestrutura e de menor custo, elevando consideravelmente o preço dos imóveis e aumentando a especulação e a riqueza imobiliária. Essa segregação espacial e social foi

ii. Georges Eugène Haussmann, conhecido como Barão de Haussmann, foi o responsável por profundas modificações urbanísticas na capital francesa, determinadas por Napoleão III. Com o alargamento de ruas e avenidas, a modificação de parques e praças, a construção de edifícios públicos e de ruas, ele criou um sistema de tratamento de água e esgoto que transformou Paris. Essas transformações fisionômicas observadas em Paris durante o Segundo Império deram à capital francesa a aparência que, de uma forma geral, ainda apresenta hoje (Lefebvre, 2001).

intensificada por uma conjuntura nacional e internacional, que favoreceu a construção de edifícios comerciais e de escritórios, o que inovou e transformou áreas urbanas, facilitando a reprodução do capital financeiro e imobiliário. Além disso, o processo de mecanização e de inovações na agricultura acentuou a saída dos trabalhadores do campo em direção aos grandes centros urbanos, aumentando ainda mais a demanda por parcelas do território da cidade. De acordo com o mercado, esses trabalhadores deveriam pagar os valores estabelecidos pelo uso do solo urbano, uma mercadoria mediada pela propriedade privada.

No entanto, as dificuldades de acesso ao uso do solo urbano eram ampliadas pela escassez e por sua ocupação desordenada. Essas dificuldades abrangiam desde problemas de falta de moradia, de água potável e saneamento básico, até problemas de infraestrutura que dificultam a mobilidade. Um grande número de indivíduos se deslocavam a pé, por meio de transportes coletivos ou de veículos automotores individuais, exigindo melhorias no transporte público e nas vias de trânsito (calçadas e ruas pavimentadas). Nos grandes centros, a estratégia utilizada pelo Estado por meio de seus urbanistas privilegiava o capital imobiliário e especulativo, separando os indivíduos do seu lugar e de sua família e fazendo-os percorrer grandes distâncias, muitas vezes de forma precária, em deslocamentos de várias horas entre o seu local de moradia e de trabalho. Esse modelo de sociedade urbana diluiu os antigos modos de vida, estabelecendo um conjunto de normas, regras, símbolos e signos, assim como de ritmos e reprodução do espaço, que diferiam do modelo vivenciado anteriormente por tais indivíduos.

Esse modelo espacial diferente foi reproduzido nos grandes centros urbanos e marcado por discursos que o associavam a um novo modelo de cidade, relacionada com o processo de globalização e internacionalização. Cada vez mais as antigas referências tradicionais eram esquecidas e novos padrões surgiam, alterando profundamente a morfologia urbana, ou seja, as novas formas de ocupação da cidade impactaram o estudo, as pesquisas e as articulações entre os lugares que constituíam o espaço urbano.

Na metrópole, a paisagem sofria mudanças constantes: milhares de pessoas se deslocavam de seu local de moradia para o trabalho, outras tantas chegavam esperançosas em conseguir melhores condições de vida, mas muitas não tinham sequer um lugar onde morar e acabavam vivendo em favelas, guetos ou cortiços, contribuindo para ampliar os conflitos já tão presentes no território urbano.

2.3 O neoliberalismo e o fenômeno da metropolização

As mudanças econômicas, políticas e sociais aliadas à intensificação dos avanços na tecnologia proporcionaram uma maior reflexão sobre o futuro das cidades e o seu papel diante de uma nova ordem espacial que proporcionou o crescimento e a multiplicação das grandes aglomerações, concentrando em seu interior as populações, as atividades e as riquezas. Essas mudanças tiveram impulso no discurso da **globalização** e no **neoliberalismo**.

O neoliberalismo, desenvolvido teoricamente por Friedrich von Hayek (1899-1992) e por Milton Friedman (1912-2006) e aplicado primeiramente por Margareth Thatcher, Ronald Reagan e Helmult Kohl, promoveu em muitos países a abertura de mercados, a desregulação da economia e as privatizações. Associada a tais medidas, foi também introduzida uma revolução no modelo de tecnologia de informação e na expansão do comércio. Houve também o aumento de fluxos de capitais e das redes de fornecedores globais que incidiram sobre a redução das disparidades de renda entre os países, mas, ao mesmo tempo, aumentaram as desigualdades no interior desses países.

O neoliberalismo e a globalização tiveram maior impacto sobre as metrópoles e as grandes aglomerações, que ampliaram o seu grau de concentração de empresas internacionais, instituições financeiras, representantes do capital internacional, universidades, recursos e poder, impactando sobre o fenômeno da metropolização.

Sassen (2007) destaca o **fenômeno da metropolização** por meio do exemplo da cidade global, onde coexistem e emergem em um espaço regional múltiplos tipos de economias de aglomerações distribuídas ao longo de diversos espaços econômicos e escalas geográficas, em que cada espaço representa distintas economias de aglomeração – que incluem desde a economia urbana, passando pela rural até a economia global. Dessa forma, há uma transformação no papel das cidades que, com base em mudanças na estrutura produtiva e nos padrões organizacionais e tecnológicos, passam a integrar as redes de economia mundial.

Ascher (2012), em seus estudos sobre as metrópoles francesas, vê dificuldades em definir precisamente um conceito para *metrópole*. Porém, destaca que é na metrópole que se concentram as atividades econômicas, principalmente as atividades terciárias superiores e dos negócios, e se localizam as representações de grandes corporações internacionais – de relevante poder político, dado seu *status* de centralidade regional, estadual ou nacional – e as sedes de instituições públicas, inclusive internacionais. É na metrópole que se concentram as maiores aglomerações, bem como as riquezas, que podem ser mensuradas pelo Produto Interno Bruto (PIB) por habitante, e onde o número de empregos é largamente superior às demais localidades nacionais ou regionais. Também é o local onde se apresentam os empregos mais qualificados, em que as atividades imateriais superam a produção material na criação de riquezas. Essa noção de *metrópole* é abundantemente utilizada qualificando as principais aglomerações de um país, "que dada a sua multifuncionalidade estabelecem relações econômicas com outras aglomerações e se definem pela influência internacional de suas empresas, de seus capitais, de suas universidades e das funções tradicionalmente regionais de onde extrai recursos e poder" (Ascher, 1995, p. 15).

O fenômeno da metropolização ultrapassa o papel da metrópole porque amplia as desigualdades, aumentando as distâncias territoriais e sociais, o que gera uma nova ordem sociourbana sobre a base dos novos padrões de estratificação social.

> O crescimento da pobreza, da segregação espacial, do empobrecimento da classe média e a explosão social dos subúrbios são características da globalização que se impõe em escala planetária, marcada por espaços contraditórios e conflitos, diferenciação interna e contínuas crises de limites, onde as metrópoles conectadas na rede de cidades globais atraem o poder corporativo global e são por sua vez regiões-chave para sua valorização. (Orellana, 2009, p. 103)

Por outro lado, para Orellana (2009), embora as metrópoles sejam os lugares onde se encontram as desigualdades, são, ao mesmo tempo, onde a população mais desfavorecida pelo sistema encontra oportunidades para alcançar maior oferta de empregos e de desenvolvimento.

Cobos e López (2007) afirmam que ocorreram mudanças substanciais nas formas urbanas no mundo, chegando a um modelo de **cidade-região**, que, de acordo com o sistema neoliberal, compõe a última fase do padrão de acumulação de capital com intervenção estatal.

De acordo com Cobos e López (2007), a cidade-região, conforme a tese de Scott (2012), consiste em um grande sistema centralizado e denso, não necessariamente contínuo, com todo tipo de suportes de materiais e de infraestrutura e serviços, comércio, atividades econômicas, políticas, culturais, administrativas e de gestão resultantes da expansão de sua periferia ao longo das redes de viabilidades e transportes que as unem, incluindo as áreas rurais. Esse conjunto integrado como um todo por uma alta intensidade de relações e fluxos permanentes de comércio, pessoas, capitais, mensagens e informações, contraditoriamente, é relativamente indiferente à medida que seus lugares compartem os efeitos úteis da aglomeração e das vantagens comparativas.

Para Ascher (2010), a ampliação das grandes aglomerações reforça o surgimento de problemas políticos, sociais e culturais mais do que no interior urbanizado recentemente. As zonas rurais e as pequenas e médias cidades não sofrem apenas com o problema demográfico, já que elas têm um peso político e econômico menor, dada a proporção de votos no sistema eleitoral, que favorece os grandes centros. Para esse autor, o conceito de metrópole apareceu oficialmente nos Estados Unidos, na década de 1940 (Ascher, 2010). A metrópole passou a ser percebida como aquela que estende as suas atividades para além do quadro espacial clássico.

Ao estudar as metrópoles, Ascher (2010) destaca que, nos EUA, a quantidade daquelas com mais de dois milhões de habitantes cresceu e concentra mais de 40% da população. Nesse país, mais de 77% da população vive em áreas metropolitanas. Segundo o autor, nos EUA vem ocorrendo um aumento da migração alternante. Esse tipo de migração se refere aos trabalhadores que diariamente migram de sua residência para o seu local de trabalho, passando várias horas de seu tempo dentro de um meio de transporte coletivo ou de veículo automotor próprio, o que significa que cada vez mais os trabalhadores passam a ocupar áreas mais distantes do centro da cidade, formando pequenas cidades bem além das áreas periféricas tradicionais.

Na França, Ascher (2010) afirma que nove entre cada dez franceses vivem em aglomerações urbanas de mais de cinquenta mil habitantes, que se localizam a menos de meia hora de carro do principal centro. Nesse país, as metrópoles concentram uma parte significativa das riquezas e do poder econômico, pois é nelas que estão concentradas as classes econômicas mais abastadas, a maior parte das grandes empresas de capital internacional, a valorização imobiliária e a maior concentração de renda, levando em consideração o PIB por habitante.

Ainda de acordo com Ascher (2010), na Grã-Bretanha e na Alemanha, países de urbanização mais antiga, o fenômeno da metropolização acontece pela extensão das principais zonas urbanas, integrando as cidades ou as regiões periféricas. Essa situação leva a uma percepção de que as cidades estariam perdendo parte de sua população, mas o que está acontecendo é uma recomposição funcional e social dos espaços metropolitanos, em que as pessoas de maior poder aquisitivo estão ocupando as áreas da periferia, e os profissionais, que antes habitavam a periferia, estão indo para os centros das cidades. Isso está ocorrendo, conforme Ascher (2010), principalmente em cidades como Glasgow, Leeds, Manchester e Sheffield, na Inglaterra. Para o autor, nos países tanto do sul da Europa como no sul da Ásia, a metropolização é resultado da emigração rural e se concretiza por uma extensa ocupação e uma concentração das populações nas grandes cidades.

De acordo com Borja (2007), vários autores europeus discutem os impactos do processo de globalização nas cidades sobre dois prismas diferentes: um que enfatiza a adequação das cidades à globalização e sua inserção nas redes macrorregionais nos moldes do processo de acumulação capitalista; e outro que, contrariamente, resiste à ideia da globalização e seus efeitos perversos, manifestados no crescimento das populações excluídas e marginalizadas, na perda de identidade dos territórios e na dificuldade de promover um desenvolvimento compatível com a coesão social e a sustentabilidade ambiental.

Conforme Klink (2009, p. 416), "não existe um modelo único que se encaixe na trajetória institucional das áreas metropolitanas, pois estas se inserem em uma dinâmica socioeconômica e política mais ampla". Para esse autor, o arcabouço institucional que deveria nortear a organização, a gestão e o financiamento desses territórios não está à altura de lidar com os desafios e as oportunidades para aproveitar suas potencialidades.

Para Lefèvre (2009), as metrópoles têm dificuldades em se tornarem verdadeiras áreas territoriais de domínio político – dimensão ao mesmo tempo necessária e constitutiva de sua governabilidade. De acordo com esse autor, muitos insistem em apresentar as metrópoles como espaços adequados para resolver as questões econômicas, sociais, políticas e ambientais que, a cada momento, são mais evidenciadas no desenvolvimento econômico do capitalismo contemporâneo. Ainda de acordo com Lefèvre (2009), salvo raras exceções, as metrópoles dificilmente conseguem resolver tais questões, o que muitas vezes pode levá-las a uma situação de ingovernabilidade.

Da centralidade única do passado, as metrópoles se constituí-ram em uma situação de **multicentralidade**, em que se observa a tendência de reestruturação, baseada em uma rede de corredores de serviços terciários (Cobos, 2010). Essas novas formas arquitetô-nicas urbanas atuam como vetores da privatização e da mercanti-lização do que é público, contribuindo para a fragmentação social do território por meio da segregação e da exclusão social-territorial das áreas ocupadas pelos segmentos de população mais empobre-cida. No neoliberalismo, o urbanismo e o planejamento urbano, fragmentados no nível metropolitano, ficam perdidos em sua le-gitimidade política e ideológica e se debilitam ante o predomínio das políticas modernizadoras pragmáticas, cujo objetivo principal é obter êxito na competitividade em um mundo global.

As transformações urbanas, que surgem como uma nova eta-pa de organização da sociedade, estão ligadas aos diferentes as-pectos políticos, geográficos e de negócios da mundialização. Tais aspectos caminham a passos largos para uma cobertura quase planetária, graças à revolução dos transportes e da comunicação, trazendo consequências territoriais e permitindo maior desloca-mento dos capitais e a tomada de decisões políticas nacionais de privatizações de empresas. No entando, esses aspectos da mun-dialização acabam deixando desprotegidos determinados mer-cados, que, influenciados por um sistema de trocas comerciais, substituem progressivamente o produto nacional por uma pro-dução transnacional, favorecendo alguns espaços geográficos, que são lugares selecionados para a implantação das atividades econômicas. Para Ascher (1995), esses lugares são as metrópoles, marcadas pela concentração das camadas da população mais abastadas – principalmente nas áreas centrais e nas localidades já ocupadas massivamente por categorias afortunadas –, bem como pela segregação social que se desenvolve na outra extremidade, vivenciada por uma população menos abastada e ocupante de grandes conjuntos habitacionais, muitos deles com pouca infraestrutura e distantes das localidades centrais. "As metrópoles se caracterizam por diferenciações socioespaciais mais marcantes que as das outras cidades" (Ascher, 2012, p. 24).

Se, por um lado, a metropolização produz injustiças sociais e espaciais, por outro, contribui para o sistema de **regulação** da sociedade contemporânea, principalmente organizando de forma diferenciada o acesso ao espaço, transformando-se, de acordo com Di Méo (2008), em um fenômeno de amplitude universal, materializado pelas "manchas urbanas" que ele produz. Há diferenciações entre as metrópoles de países ricos e países pobres: as aglomerações existentes nos países pobres não possuem o mesmo poder político e econômico de uma aglomeração em um país rico do norte. Comparando, por exemplo, a Cidade do México a Nova Iorque, cidades de porte parecido, verificamos indicadores sociais, econômicos e políticos muito diferentes (Di Méo, 2008).

De acordo com Cobos e López (2007, p. 178),

> a cidade-região é um grande sistema urbano com diversas centralidades, densamente povoado, porém, não necessariamente contínuo com infraestrutura e serviços, comércio e atividades econômicas, políticas e administrativas e de gestão, resultante da expansão centrífuga de uma ou de várias cidades ou metrópoles próximas, que articula e reúnem outras localidades menores ao longo das redes de transportes viárias que as ligam às áreas rurais.

Para Di Méo (2008), a metropolização provoca uma mudança radical na reestruturação do espaço urbano, modificando paisagens, proporcionando o surgimento de novas formas de habitação, de relações sociais e de ocupação do espaço, de deslocamentos humanos, de movimentações de capitais e de apropriação de territórios, com grandes áreas desocupadas à espera de novas oportunidades de negócios. O fenômeno da metropolização muitas vezes se confunde com um sistema organizado de desconstrução dos espaços e das formas tradicionais das cidades, porque ele estabelece formas de ocupações territoriais mais diluídas que aquelas da cidade moderna, compacta, de outros tempos, e reúne algumas centenas de milhões de habitantes se avizinhando, dispostos em torno de uma ou de diversas centralidades urbanas, até se constituírem em conjuntos territoriais que reúnem de uma a duas, ou até três dezenas de milhões de indivíduos que se identificam com o consumo acelerado do espaço geográfico.

Para estabelecer a amplitude do papel desempenhado pela metrópole, Ascher (2010) estabelece o conceito de **metápoles**. Di Méo (2008) também discute sobre a metápole, que se expande como uma mancha urbana para além dos limites da cidade, fugindo do que poderia ser percebido como uma urbanização *stricto sensu*, ou que possa ser confundida com a cidade global de Sassen (2007), a qual já vimos antes. Para Di Méo (2008, p. 4), "no interior do espaço metropolitano a noção de 'metápole' designaria, segundo François Ascher, uma bacia única de emprego, de atividades e de habitat nos espaços heterogêneos, não forçosamente contíguos, ultrapassando limites ordinários da cidade".

O conceito de *metápole* foi estabelecido com base na percepção de Ascher sobre a impossibilidade de se qualificar o novo tipo de espaço. Assim, a metrópole assume funções mais elevadas na hierarquia urbana regional, dentro de uma dinâmica urbana contemporânea em que as cidades não são simplesmente aglomerações urbanas ou áreas metropolitanas, conurbações, regiões urbanas, bacias de ocupação, distritos, cidades-regiões, até mesmo megalópoles ou cidades globais. Pois, de certa maneira, as metrópoles não são somente territórios, elas são também modos de vida e modos de produção. (Ascher, 2012, p. 34)

Diante da apresentação de vários conceitos, é importante destacarmos que *metrópole* é um conjunto de aglomerações que detém uma centralidade regional, nacional ou internacional e reúne uma elevada quantidade de atividades econômicas, principalmente atividades terciárias superiores e de negócios financeiros, assim como riquezas, empregos mais qualificados e poder político, estendendo suas atividades para além dos seus limites ordinários. É também um sistema urbano complexo, ampliado pelos graves problemas sociais – como desigualdade extrema, necessidades de bens e serviços básicos à população, degradação ambiental –, que está a serviço das grandes corporações capitalistas, mas, ao mesmo tempo, é o lugar onde os desfavorecidos pelo sistema econômico e financeiro buscam alcançar empregos e melhores condições de vida. Dessa forma, a metrópole se concebe como o local para a busca do atendimento às demandas da sociedade.

2.3.1 A metropolização na América Latina e no Brasil

Cobos e López (2007) destacam que a implantação das políticas neoliberais por meio do discurso da globalização na América Latina ocorreu da forma mais selvagem, rápida e profunda do que nos países capitalistas hegemônicos. Esses autores, citando

Scott (2001), afirmam que as políticas neoliberais provocam alterações substanciais na morfologia urbana, passando de um tipo de metrópole estabelecido no século passado para um modelo de cidade-região que aparece como dominante na primeira parte do século XXI. A formação das cidades-região é um processo observado na última fase do padrão de acumulação de capital com a intervenção estatal que se define no novo modelo de acumulação neoliberal.

Para Orellana (2009), o modelo de desenvolvimento urbano característico da América Latina é estabelecido pela era da **globalização** e da **urbanização** difusa e descontínua, caracterizada pela ampliação dos bens e serviços urbanos e de áreas degradadas e marginalizadas. Trata-se de uma urbanização regional, que pode ocorrer sem crescimento econômico, gerando espaços concisos dominados por *shopping centers*, parques empresariais ou tecnológicos, criando bairros fechados e exclusivos e redes de autopistas e apresentando problemas de deslocamentos dos trabalhadores em função da distância que percorrem e do tempo que levam dos locais de moradia aos lugares de centralidade.

Ainda destaca Orellana (2009) que o espaço urbano se configura como o lugar com maiores vantagens para investimentos, produção, recriação e residência. O interesse público se vê ameaçado pelo papel gravitante que as classes diretivas exercem sobre a governabilidade das cidades. Essas classsses podem escolher arbitrariamente e com total liberdade onde residir e, inclusive, podem pagar impostos. Assim, o interesse privado emerge, alterando a morfologia das novas formas de urbanização e civilizações. Nesse contexto, as cidades podem ser percebidas como máquinas que promovem o crescimento, mas, ao mesmo tempo, contraditoriamente, fomentam as desigualdades e concentram a renda, gerando ilhas de prosperidade em meio a um oceano de dificuldades, problemas sociais, violência crescente, falta de mobilidade e degradação ambiental. Avanços em direção a conquistas econômicas e sociais podem ser buscados pela sociedade. O resultado é, em grande medida, alcançado pelas políticas locais, fruto de batalhas entre distintas frações sociais de acordo com uma lógica de mercado, sendo avaliado pelos governos regionais e urbanos.

Utilizada para designar uma cidade que exerce influência econômica, política, cultural e social sobre as demais cidades de uma determinada região ou país, a metrópole, conforme Firkowski (2004), é um conceito antigo que, com base no processo de internacionalização – estabelecido em meados dos anos de 1980 e início dos anos de 1990 –, passa a ter novos conteúdos associados a ela. O papel desempenhado por uma grande cidade está cada vez mais atrelado às exigências do modelo de globalização. Conforme a autora, essas novas funções metropolitanas visam atender às reivindicações de grandes corporações nacionais e internacionais e à demanda de parte da população a elas relacionadas. Para se adaptar a essas novas exigências, a cidade necessita se ajustar a esse modelo de desenvolvimento econômico, que transforma atividades de comércio e serviços, antes controladas por capital local e regional, em atividades dominadas por capital nacional e internacional.

Para Cobos (2010), as metrópoles da América Latina, quando comparadas às dos países desenvolvidos, são muito distintas, conforme mostram os indicadores populacionais. Apesar da complexidade em se definir quais são as maiores metrópoles do mundo, dado ao fato de haver diversas maneiras para determiná-las, Nova Iorque, Londres e Tóquio são catalogadas como **cidades globais dominantes**, portanto, de atividades capitalistas mais relevantes que as metrópoles do terceiro mundo, incluindo aí as cidades de São Paulo, Cidade do México e Buenos Aires. No entanto, quando se trata do aglomerado urbano, envolvendo a região metropolitana, que se expande sobre um tecido urbano para além de seus limites ordinários, atingindo outros municípios e várias localidades, São Paulo, Cidade do México e Buenos Aires passam a ser percebidas com maiores populações que Nova Iorque e Londres.

Porém, as cidades globais dominantes se constituem como centralidades para o capitalismo mundial, enquanto as cidades latino-americanas são encadeadas local e regionalmente e muito mais subordinadas às exigências do sistema urbano da globalização. Enquanto as cidades globais dominantes concentram as sedes das maiores corporações mundiais e a riqueza, as cidades latino-americanas são o cenário de um empobrecimento massivo e profundo, comparável ao observado nos núcleos mais excluídos dos imigrantes de países atrasados nas cidades do mundo desenvolvido.

Para Borja (2007), as cidades latino-americanas devem melhorar sua inserção nos fluxos globais para recuperar o atraso tecnológico, financeiro e econômico do século XX. Por outra parte, os déficits sociais, culturais e de governabilidade democrática devem reduzir-se a fim de evitar uma crise urbana generalizada. Isso quer dizer que a realidade latino-americana é extremamente contraditória e, ao mesmo tempo, dinâmica – tanto a privada como a pública, que se instalam em pontos opostos e produzem discursos ambivalentes. Os analistas e planejadores do urbanismo na atualidade são contraditórios: quando não constroem um discurso inevitavelmente genérico e inoperante, tomam partido de um dos dois polos.

Para Cobos (2010), pelo menos 23 cidades latino-americanas alcançaram uma taxa de mais de dois milhões de habitantes, as quais, apesar do aleatório limite empírico, podem caracterizar-se como *metrópoles*. A elas haverá que se incluir outras não registradas pelas estatísticas, em particular as conurbações de cidades colocadas em ambos os lados de fronteiras nacionais, como as que separam o México dos Estados Unidos. Outras dessas metrópoles superam os 5 milhões de habitantes: Buenos Aires (Argentina), Belo Horizonte, Rio de Janeiro e São Paulo (Brasil), Santiago (Chile), Bogotá (Colômbia), Cidade do México (México) e Lima (Peru).

Para o autor, por sua dimensão e complexidade territorial, econômica e social e sua inserção nas estruturas territoriais mais complexas, as metrópoles citadas são caracterizadas como **núcleos metropolitanos de cidades-regiões em formação**, que as estatísticas demográficas não reconhecem ainda. Haveria de se incluir algumas metrópoles, as quais não alcançam os 5 milhões de habitantes, porém representam um grau muito grande de complexidade, como as conurbações de Tijuana-Ensenada (México), a cidade californiana de San Diego e a conurbação de Saltillo Ramos Arizpe e Monterrey, nas proximidades fronteiriças do México e dos Estados Unidos e algumas cidades do sul desse país, ultrapassando a vigiada fronteira binacional.

Tabela 2.1 – Aglomerações urbanas com mais de 10 milhões de habitantes

2011		
Rank	Aglomeração urbana	População[*]
1	Tóquio, Japão	37,2
2	Deli, Índia	22,7
3	Cidade do México, México	20,4
4	Nova Iorque-Newark, EUA	20,4
5	Shangai, China	20,2

(continua)

(Tabela 2.1 – conclusão)

2011		
Rank	Aglomeração urbana	População[*]
6	São Paulo, Brasil	19,9
7	Mumbai, Índia	19,7
8	Pequim, China	15,6
9	Dhaka, Bangladesh	15,4
10	Calcutá, Índia	14,4
11	Karachi, Paquistão	13,9
12	Buenos Aires, Argentina	13,5
13	Los Angeles-Long Beach-Santa Ana, EUA	13,4
14	Rio de Janeiro, Brasil	12,0
15	Manila, Filipinas	11,9
16	Moscou, Rússia	11,6
17	Osaka-Kobe, Japão	11,5
18	Istambul, Turquia	11,3
19	Lagos, Nigéria	11,2
20	Cairo, Egito	11,2
21	Guangzhou, Guangdong, China	10,8
22	Shenzhen, China	10,6
23	Paris, França	10,6

Fonte: Cidades e Turismo, 2011, tradução nossa.
* Os valores referem-se a milhões de habitantes.

2.3.2 As regiões metropolitanas no Brasil e o problema da institucionalização

Firkowski (2012), ao estudar a dinâmica da criação das regiões metropolitanas brasileiras, faz uma crítica ao seu processo de institucionalização, afirmando que há uma dissociação entre a tal dinâmica e o processo de metropolização. Para a autora, nem todas as cidades podem ser denominadas *metrópoles*, ou mesmo *regiões metropolitanas*, apenas por possuírem um elevado número de habitantes. Considerar cidades com mais de 200 mil habitantes como metrópole ou região metropolitana é "descontextualizar o tamanho da cidade de suas funções e mesmo da realidade nacional, tendendo a sobrevalorizar as realidades locais e apartadas de um contexto mais amplo" (Firkowski, 2012, p. 23).

De acordo com Klink (2009), há uma retomada das discussões sobre o processo de metropolização no Brasil. Para o autor, as regiões metropolitanas brasileiras foram criadas pelo regime militar, no início dos anos de 1970, objetivando promover o desenvolvimento econômico dessas regiões. Esse modelo, baseado na criação de fóruns, conselhos deliberativos e consultivos – que tinham como função coordenar a articulação com os municípios, mas que esbarrou em um viés tecnocrata e no alto grau de centralização financeira e tomada de decisões – esgotou-se no final dos anos 1980, quando muitos prefeitos e representantes dos diversos movimentos sociais começaram a questionar a forma pouco transparente da gestão da região metropolitana. Apesar das pressões, na elaboração da Constituição de 1988, o governo federal deu pouca importância à discussão sobre o assunto e delegou à esfera estadual a responsabilidade de criação e organização das regiões metropolitanas.

De acordo com Firkowski (2012), existe um senso comum em perceber a cidade com elevado número de habitantes como uma metrópole. Para a autora, somente a população não pode ser vista como fator definidor de uma cidade como metrópole; é "necessário analisar a cidade em sua inter-relação com outras cidades de um determinado recorte espacial, e, nesse sentido, duas dimensões são fundamentais: a centralidade e a região de influência" (Firkowski, 2012, p. 23).

Dessa forma, em 2010, enquanto o Rio Grande do Sul tinha apenas uma região metropolitana, a de Porto Alegre, com uma população de 3.960.068 (IBGE, 2010), e outras três regiões institucionalizadas como aglomerações urbanas, o Estado de Santa Catarina (ver Quadro 2.1) tinha oito regiões institucionalizadas como região metropolitana (Região Metropolitana de Florianópolis, com 1.012.831 habitantes; do Norte/Nordeste Catarinense, com 1.094.570 habitantes; do Vale do Itajaí, com 689.909 habitantes; de Carbonífera, com 550.243 habitantes; de Foz do Itajaí, com 532.830 habitantes; de Chapecó, com 403.458 habitantes; de Tubarão, com 356.790 habitantes; e de Lages, com 356.790 habitantes).

Quadro 2.1 – Regiões metropolitanas brasileiras institucionalizadas

Regiões metropolitanas 2010	Estado	População em 2010
São Paulo	SP	19.672.582
Rio de Janeiro	RJ	11.711.233
Belo Horizonte	MG	5.413.627
Porto Alegre	RS	3.960.068
Recife	PE	3.688.428
Fortaleza	CE	3.610.379
Salvador	BA	3.574.804
Curitiba	PR	3.168.980
Campinas	SP	2.798.477
Manaus	AM	2.210.825
Goiânia	GO	2.173.006
Belém	PA	2.040.843
Grande Vitória	ES	1.685.384
Baixada Santista	SP	1.663.082
Natal	RN	1.340.115

(continua)

Regiões metropolitanas 2010	Estado	População em 2010
Grande São Luís	MA	1.327.881
João Pessoa	PB	1.198.675
Maceió	AL	1.156.278
Norte/Nordeste Catarinense	SC	1.094.570
Florianópolis	SC	1.012.831
Aracaju	SE	835.654
Vale do Rio Cuiabá	MT	834.060
Londrina	PR	764.258
Vale do Itajaí	SC	689.909
Campina Grande	PB	687.135
Vale do Aço	MG	615.004
Maringá	PR	612.617
Agreste	AL	601.251
Cariri	CE	564.557
Carbonífera	SC	550.243
Foz do Rio Itajaí	SC	532.830
Macapá	AP	499.116
Chapecó	SC	403.458
Tubarão	SC	356.790
Lages	SC	350.607
Sudoeste Maranhense	MA	345.878

Fonte: Elaborado com base em IBGE, 2010.

A falta de critérios e de coerência no estabelecimento de novas regiões metropolitanas por parte dos legislativos e executivos estaduais leva à existência, no Brasil, de um leque muito grande de cidades que, legalmente, são consideradas regionais, mas são institucionalizadas como regiões metropolitanas. Como podemos observar, o fenômeno da metropolização passa distante da

Região Metropolitana do Sudoeste Maranhense, com uma população de 345.878 habitantes (IBGE, 2010), que tem como sua capital a cidade de Imperatriz, com 247.505 habitantes (IBGE, 2010).

Cidades assim podem apenas ser consideradas capitais regionais, de acordo com a classificação do Instituto Brasileiro de Geografia e Estatística (IBGE) constante no estudo Regiões de Influência das Cidades/2007 (Regic). Apesar de muitos dos estados federados insistirem na institucionalização de regiões metropolitanas, a definição do que é, de fato, uma região metropolitana, "embora esteja prevista na Constituição federal de 1988, ainda carece de definição mais precisa" (Firkowski, 2012, p. 26).

Para Klink (2009), em âmbito internacional existem dificuldades em estabelecer um modelo institucional para nortear a gestão e a organização das regiões metropolitanas. Para esse autor, elas são frutos de negociações políticas entre agentes sociais que representam interesses diversos e geralmente conflitantes. Nesse sentido, Lefèvre (2009) destaca que a instituição de políticas administrativas e financeiras das metrópoles choca-se com os interesses dos Estados nacionais, que veem nas metrópoles locais de contrapoderes potenciais a sua autoridade sobre o território nacional.

A ausência de barreiras à mobilidade dos capitais privados enfraquece o poder dos Estados e possibilita mecanismos de fortalecimento da classe empresarial que passa a pôr em dificuldades a gestão do Estado, chantageando-o com o fantasma das crises locais. Dessa forma,

> em nome da modernidade e das necessidades da globalização da economia, o poder público acaba aceitando uma ordem de prioridades que privilegiam alguns poucos atores, relegando a um segundo plano

todo o resto: empresas menores, instituições menos estruturadas, pessoas, agravando a problemática social. (Santos, 1996, p. 245)

Para Borja (2007), a segregação social no espaço nunca foi tão grande quanto no atual momento, aumentando as desigualdades sociais e o acesso real às ofertas urbanas entre a população. Os tempos somados de trabalho e transporte ampliam as dificuldades para os mais pobres, que estão morando em bairros cada vez mais distantes e mais desestruturados. As transformações urbanas reforçam a autonomia, levando o indivíduo a incertezas nas quais se pode perder a identidade e as referências. Quando há essa perda, estabelecem-se crises de representação política e opacidade das instituições que atuam no território.

As metrópoles são, portanto, territórios que detêm o futuro das sociedades, o qual é dificultado pelo processo de globalização baseado na competitividade econômica no âmbito das metrópoles internacionais, que têm em suas direções as grandes corporações e suas estruturas de representação (Lefèvre, 2009).

Síntese

A formação do espaço urbano tem uma relação histórica e espacial com a cidade que se consolida com o surgimento do capitalismo, que, em sua fase industrial, impõe total domínio sobre o campo e passa a comandar a economia e a sociedade em escala mundial. Nesse modelo capitalista, o espaço é estabelecido por uma elite da sociedade urbana que dele se apropria, determinando, mediante estratégias políticas influenciadas pelo poder econômico a sua produção e reprodução. Por meio de leis, normas e regras impostas aos demais membros da sociedade, a coesão social é implementada e ampliada com base na reprodução coletiva da força de trabalho.

As cidades apresentam diferenças significativas entre elas e nem todas podem ser compreendidas como aglomerações com forte intensificação de capital e trabalho, mas todas dependem dos resultados obtidos na dinâmica capitalista, que reproduz nos grandes centros um novo modelo de cidade relacionada com o processo de globalização e internacionalização. Cada vez mais as antigas referências tradicionais são esquecidas e novos padrões e referências surgem, alterando profundamente a morfologia urbana. Essas mudanças são intensificadas pelo surgimento da metrópole.

Símbolo da influência econômica, política, cultural e social sobre as demais cidades de uma determinada região ou país, a metrópole, a partir de meados dos anos de 1980 e 1990, passou a ter novos conteúdos associados ao fenômeno da globalização, que busca atender as exigências de um modelo de capitalismo cada vez mais neoliberal. O neoliberalismo requer a coexistência, em um espaço regional, de múltiplos tipos de economias de aglomeração, que incluem a organização, no mesmo espaço geográfico, da economia rural necessária para o abastecimento da economia urbana, assim como a existência de um planejamento urbano integrado à economia global.

Por outro lado, as metrópoles são lugares onde se encontram as desigualdades e, ao mesmo tempo, onde a população mais desfavorecida pelo sistema econômico encontra oportunidades para alcançar melhores empregos e oportunidades.

Tidas como centralidade única no passado, as metrópoles se constituíram em novas formas arquitetônicas urbanas que atuam como vetores da privatização e da mercantilização do que é público, contribuindo para a fragmentação social do território por meio da segregação e da exclusão social-territorial das áreas ocupadas pelos segmentos de população mais empobrecida. Esse modelo favorece o predomínio das políticas modernizadoras voltadas à dinâmica de acumulação capitalista do mercado especulativo, cujo objetivo principal é obter êxito na competividade em um mundo global. Se, por um lado, a metropolização produz injustiças sociais e espaciais, por outro, contribui para a regulação das sociedades contemporâneas, principalmente organizando de forma diferenciada o acesso ao espaço, transformando-se em um fenômeno de amplitude universal, materializado pelas "manchas urbanas" que ele produz.

Indicações culturais

Livro

SANTOS, M. **O espaço do cidadão**. São Paulo: Edusp, 2007.

O geógrafo Milton Santos aborda a questão da desigualdade na distribuição dos espaços que se formam por meio das atividades econômicas. Com isso, o autor aponta para uma reflexão em que a restrição de acesso da classe social de renda mais baixa a determinados locais da rede urbana materializa-se na dimensão espacial.

Sites

OBSERVATÓRIO DAS METRÓPOLES. Disponível em: <http://www.observatoriodasmetropoles.net/>. Acesso em: 14 fev. 2016.

Observatório das Metrópoles é um grupo de pesquisa que trabalha em forma de rede e reúne pesquisadores de instituições dos mais variados campos, como universitário, governamental e não governamental. As equipes reunidas vêm trabalhando sobre 11 metrópoles e uma aglomeração urbana – Rio de Janeiro, São Paulo, Porto

Alegre, Belo Horizonte, Curitiba, Goiânia, Recife, Salvador, Natal, Fortaleza, Belém e a aglomeração urbana de Maringá. Recentemente, mais quatro metrópoles estão em processo de inclusão na rede: Brasília, Florianópolis, Santos e Vitória.

Atua identificando as tendências convergentes e divergentes entre as metrópoles geradas pelos efeitos das transformações econômicas, sociais, institucionais e tecnológicas por que passa o país nos últimos 20 anos.

PNUD – Programa das Nações Unidas para o Desenvolvimento. **Atlas do desenvolvimento humano dos municípios.** Disponível em: <http://www.pnud.org.br/IDH/Default. aspx?indiceAccordion=1&li=li_AtlasMunicipios> Acesso em: 14 fev. 2016.

Além do acesso a dados sobre urbanização, o atlas permite a elaboração de mapas temáticos do país, de regiões e de estados com base em dados estatísticos do IBGE. O destaque fica por conta das tabelas de dados sobre as regiões metropolitanas brasileiras.

Atividades de autoavaliação

1. (Enade – 2005) A falta de moradias e de serviços urbanos e a favelização são questões estruturais da sociedade brasileira que se intensificaram com a urbanização ocorrida a partir de 1940, levando a uma forte concentração populacional nas grandes cidades. De acordo com o Censo Demográfico, havia, em 2000, cerca de 1,7 milhão de domicílios localizados em favelas ou assentamentos semelhantes a elas, abarcando uma população de 6,6 milhões de pessoas, 53% das quais nos estados de São Paulo e do Rio de Janeiro, nos quais as regiões metropolitanas

concentram a maioria das favelas e dos favelados (adaptado de Ipea – Instituto de Pesquisa Econômica Aplicada. **Radar Social.** Brasília: Ipea, 2005. Disponível em: <http://www.ipea. gov.br/agencia/images/stories/PDFs/livros/06.moradia.pdf>. Acesso em: 19 fev. 2016).

A respeito dessas informações, que caracterizam alguns aspectos das metrópoles brasileiras, julgue os itens que se seguem:

I.   A favelização, fenômeno sobretudo metropolitano, revela forte demanda reprimida por acesso à terra e à habitação.

II. A favelização é uma das formas encontradas pela população pobre para solucionar suas necessidades habitacionais.

III. A urbanização brasileira vem apresentando forte tendência de concentração da população pobre nas metrópoles.

a) Apenas um item está certo.

b) Todos os itens estão certos.

c) Apenas os itens I e II estão certos.

d) Apenas os itens I e III estão certos.

2. (Enade – 2005) A urbanização brasileira vem-se caracterizando, nas últimas décadas, por intenso processo de metropolização, ou seja, concentração de população em grandes cidades conurbadas. O conjunto metropolitano reúne atualmente 413 municípios, onde vivem pouco mais de 68 milhões de habitantes, distribuídos em aproximadamente 167 quilômetros quadrados, conformando uma realidade muito diversificada em relação à efetiva conurbação do território.

Sobre esse fenômeno da metropolização brasileira, julgue os itens a seguir:

I. Com o aumento da importância institucional e demográfica, as metrópoles brasileiras estão concentrando, hoje, um conjunto de questões sociais, cujo aspecto mais evidente e dramático é a exacerbação da violência.

II. Com a metropolização, há efetivo processo civilizador, que traz vantagens a todos os indivíduos e grupos sociais que se instalam em áreas metropolitanas.

III. A aglomeração de população em metrópoles é o resultado de fatores de expulsão do campo e de fatores da atração que as cidades exercem sobre as correntes migratórias.

Assinale a opção correta:

a) Apenas um item está certo.

b) Apenas os itens I e II estão certos.

c) Apenas os itens I e III estão certos.

d) Apenas os itens II e III estão certos.

3. (Acafe – 2010)

As cidades são o principal local onde se dá a reprodução da força de trabalho. Nem toda melhoria das condições de vida é acessível com melhores salários ou com melhor distribuição de renda. Boas condições de vida dependem, frequentemente, de políticas públicas urbanas – transporte, moradia, saneamento, educação, saúde, lazer, iluminação pública, coleta de lixo, segurança. Ou seja, a cidade não fornece apenas o lugar, o suporte ou o chão para essa reprodução social. Suas características e até mesmo a forma como se realizam fazem a diferença. (MARICATO, E. É a questão urbana, estúpido! **Le Monde Diplomatique Brasil**, ed. 73, 1º ago. 2013. Disponível em: <https://www.diplomatique.org.br/print.php?tipo=ar&id=1465>. Acesso em: 19 fev. 2016)

Analisando o texto, marque com V as afirmações verdadeiras e com F as falsas.

A sequência correta, de cima para baixo, é:

( ) A cidade é um espaço complexo, onde diversos interesses estão em jogo: aqueles que dela necessitam para sua reprodução (os trabalhadores) e aqueles que dela retiram lucro (os capitalistas).

( ) As políticas públicas podem melhorar a vida nas cidades, possibilitando aos que nela vivem uma maior qualidade de vida.

( ) As políticas públicas citadas no texto se distribuem igualmente pelo espaço urbano de acordo com as condições salariais de seus habitantes, sendo a todos acessíveis.

( ) O acesso a bens coletivos urbanos é uma forma de distribuição indireta de renda àquela parcela da população que tem na cidade o espaço de reprodução de sua força de trabalho.

a) V, F, F, V.

b) V, V, F, V.

c) F, F, V, V.

d) F, V, F, V.

4. (FGV-RJ) Vivemos numa era verdadeiramente global, em que o global se manifesta horizontalmente e não por meio de sistemas de integração verticais, como o Fundo Monetário Internacional e o sistema financeiro. Muito da literatura sobre a globalização foi incapaz de ver que o global se constitui nesses densos ambientes locais (ROSSETTI, C. A globalização do protesto. **Estadão**, 14 ago. 2011. Disponível em: <http://www.estadao.com.br/noticias/geral,a-globalizacao-do-protesto-imp-,758196>. Acesso em: 19 fev. 2016.).

Assinale a alternativa que contém uma proposição coerente com os argumentos apresentados no texto:

a) As metrópoles não apenas sofrem os efeitos da globalização, mas são espaços que produzem a globalização.

b) As forças globais, tais como o FMI e os sistemas financeiros, não afetam os ambientes locais, desde que eles sejam densos.

c) A noção de escala global deixou de ter importância em geografia, já que o global só se revela por meio do local.

d) A globalização conferiu densidade a todos os ambientes locais, na medida em que suas forças atingem todos os lugares.

5. (FGV – 2014) Ao se avaliarem as características da urbanização brasileira em seu período mais recente, é importante considerar os efeitos do processo de internacionalização da economia. [...] Uma das tendências desse processo é reforçar a localização de atividades nas cidades "da região mais desenvolvida do país, onde está localizada a maior parcela da base produtiva, que se moderniza mais rapidamente, e onde estão as melhores condições locacionais" (BRANCO, M. L. C. **As metrópoles e a questão social brasileira**. Rio de Janeiro: Revan, 2007. p. 101. Adaptado).

A tendência mostrada no texto:

a) destaca o papel das metrópoles no contexto da globalização.

b) minimiza a histórica concentração de riqueza em espaços reduzidos.

c) reforça as desigualdades espaciais no Brasil.

d) dá origem à formação de inúmeras metrópoles no interior do país.

e) dinamiza as redes urbanas em escala nacional.

Atividades de aprendizagem

Questões para reflexão

1. Vimos neste capítulo que, com a consolidação do capitalismo, em sua fase industrial, a cidade passou por diversas transformações atraindo para seu bojo uma quantidade vasta de pessoas que exercem influência sobre o processo de aglomeração e valorização do espaço urbano e contribuem para a expansão do tecido urbano, que se estende sobre uma grande parte do território.

   Procure observar na cidade onde você mora como ocorrem as transformações e quais os espaços que são mais valorizados.

2. O Censo do IBGE, publicado em 2023, trouxe uma série de dados relevantes, entre eles, que de 2010 a 2022 a população brasileira cresceu 6,5% e chegou a 203,1 milhões, sendo que em 2022 as concentrações urbanas abrigavam 124,1 milhões de pessoas, 61%. Ou seja, a urbanização brasileira segue aumentando e consequentemente é inevitável que muitos problemas também se acentuem ainda mais, sobretudo, no que tange, a pobreza, o aumento significativo das favelas, ausência de planejamento urbano, entre tantos outros problemas identificados. (https://agenciadenoticias.ibge.gov.br/agencia-noticias/2012-agencia-de-noticias/noticias/37237-de-2010-a-2022-populacao-brasileira-cresce-6-5-e-chega-a-203-1-milhoes. Acesso em 16/02/2024).

   a) Você concorda com a afirmativa de que nenhum país na era industrial conseguiu atingir um crescimento econômico sem a urbanização? Justifique.

b) No seu município é possível observar o aumento das áreas de concentração da pobreza? É possível traçar a natureza histórica do aumento da concentração de áreas menos urbanizadas no seu município? Explique.

Atividade aplicada: prática

A globalização da produção transformou algumas metrópoles em centros da economia internacional. Esses centros urbanos formam uma rede urbana por onde transita a maior parte do capital que circula pelos mercados financeiros mundiais. São as empresas sediadas nesses centros que lançam inovações tecnológicas e comandam os serviços especializados para a indústria, como a publicidade e o *marketing*. Com base nisso, elabore um plano de aula, trabalhando os conceitos de:

a) megacidades.

b) centros regionais.

c) cidades globais.

d) conurbação urbana.

e) megalópoles.

3

Estrutura, morfologia, função e rede urbana

Neste capítulo, trataremos de temas de grande relevância, como a estrutura urbana, a morfologia, a função e a rede urbana na concepção de diferentes autores do campo da geografia. Nosso objetivo é apresentar a organização das cidades e os seus desmembramentos (abordagens), principalmente na concepção de Clark (1985), um dos pioneiros da temática. Assim, para entender como as cidades estão organizadas, é fundamental conhecer os processos e as formas espaciais que serão abordados no transcorrer do capítulo. Também discutiremos como a cidade se estrutura e se configura em relação à morfologia e à forma urbana. Por último, mostraremos como estão organizadas a rede e as funções urbanas, embora a rede urbana não faça parte da estrutura interna das cidades, uma vez que é formada pelo sistema de cidades, no território de cada país, interligadas umas às outras por meio dos sistemas de transportes e de comunicações, pelos quais fluem pessoas, mercadorias e informações. É fundamental você perceber que, quanto mais complexa a economia de um país ou de uma região, maior é sua taxa de urbanização e a quantidade de cidades, mais densa é a sua rede urbana e, portanto, maiores são os fluxos que as interligam.

3.1 Estrutura interna da cidade

Quando o assunto é estrutura interna da cidade, uma dúvida paira na nossa mente: O que diferencia uma cidade da outra? Existe diferença interna entre elas?

Segundo Clark (1985, p. 181),

> um dos traços mais peculiares das cidades modernas é o seu alto nível de diferenciação interna. Os conjuntos de zonas, comunidades ou bairros são frequentemente na concepção do autor distinguíveis em termos tanto no que se refere à aparência física, composição da população e aspectos relacionados com as características e problemas sociais, que acabam se repetindo de uma cidade para outra.

E, ainda, argumenta que:

> A existência de padrões sociais e residenciais similares sugere que a estrutura urbana está determinada por um número de princípios gerais de uso do solo e de localização. Isso indica o funcionamento do poder social subjacente e das forças econômicas que propiciam usos semelhantes, se não idênticos, de parcelas adjacentes na cidade. A identificação e explicação dos padrões e processos internos é o principal tema de pesquisa na geografia urbana. (Clark, 1985, p. 181)

Na busca de entender a estrutura espacial urbana, inúmeras são as abordagens elaboradas e pensadas pelos geógrafos urbanos. Alguns apresentam a cidade como um **sistema**. Mas que tipo de sistema? Isard (1956) a considerou como um "sistema circulatório" e os membros da Escola de Chicago a assimilaram como um "sistema ecológico". Já Clark (1985) apresenta seis grandes abordagens para a estrutura interna da cidade, conforme você pode verificar no Quadro 3.1.

Quadro 3.1 – Estrutura interna da cidade e suas seis grandes abordagens a partir dos principais teóricos

Abordagem	Fundamento teórico	Áreas de pesquisa	Principais contribuidores
Ecológica	Ecologia humana	Luta pelo espaço entre os grupos humanos	Park (1916); Mchenzie (1925)
Livre-comércio	Economia neoclássica	Maximização da utilização; licitação de renda	Thünen (1826)
Análise da área social	Urbanização	Consequências do desenvolvimento societário	Shevky e Bell (1955)
Ecologia fatorial	Análise fatorial	Padrões sociais e espaciais na cidade	Berry (1971)
Conflito/ administração	Sociologia weberiana	Arranjos de poder: "guardiões"	Cox (1976); Phal (1975)
Marxista	Materialismo histórico	Teoria do uso do solo urbano; mecanismo de alocação de moradores	Harvey (1973)

Fonte: Clark, 1985, p. 182.

A primeira abordagem é a **ecológica** e procura levar em consideração os padrões urbanos em termos de luta por localização e espaço na cidade. Mostra a concorrência pelo território[i] entre os grupos sociais e as maneiras pelas quais isso conduz à emergência de áreas "naturais" em cada centro. A segunda abordagem

i. O território usado se dá pelas formas de conteúdo que são difundidas. O território usado se torna impregnado dessas formas de conteúdo que reproduzem as lógicas desiguais de acumulação de recursos para os usos presentes e futuros do território (Santos, 1986).

refere-se ao **livre-comércio**, que procura explicar os padrões de uso do solo intraurbano em termos do resultado de uma concorrência pela terra.

Quanto à terceira e à quarta abordagem, que dizem respeito à **análise da área social** e à **ecologia fatorial**, ambas são prolongamentos da abordagem ecológica básica, que tem como objetivo interpretar as estruturas intraurbanas com base nas teorias gerais de mudança social e econômica. No que se refere à abordagem **conflito/administração**, ela tem suas raízes na ciência política e na análise do poder e do conflito na cidade. Já a última abordagem, a **marxista**, explica a existência de divisões sociais e espaciais na cidade no que diz respeito à organização capitalista da sociedade. Essa abordagem questiona a maneira como a classe dos donos da terra impõe e manipula o lucro para assegurar uma ordenação geográfica dos usos do solo na cidade.

Para entender a estruturação interna da cidade, são utilizados, nas seis abordagens descritas, diferentes elementos. Enquanto algumas abordagens dão destaque ao espaço físico e ao território, outras demonstram as questões sociais e econômicas, assim como os fatores políticos.

Outros modelos para descrever as estruturas espaciais urbanas foram pensados nos Estados Unidos a partir dos anos de 1920. Cabe-nos referenciar os modelos dos círculos concêntricos de Burgess, citados por Clark (1985), dos setores de Hoyt e dos núcleos múltiplos de Harris e Ullman, desenvolvidos no âmbito da Escola de Chicago para representar as estruturas intraurbanas[ii] das cidades norte-americanas.

ii. A análise da estrutura intraurbana trata de como as partes essenciais da cidade e seus relacionamentos estão organizados dentro do todo urbano, determinando a natureza, as características e o funcionamento desse todo (Ramos, 2002).

Figura 3.1 – Modelo de zonas concêntricas da estrutura social e espacial urbana

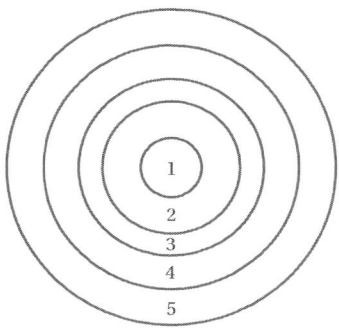

Zonas concêntricas de Burgess
1. Distrito Central de Negócios (CBD)
2. Zona de transição
3. Lares de trabalhadores independentes
4. Residências melhores
5. Zona de comutação

Fonte: Elaborado com base em Burgess, 1925, citado por Clark, 1985, p. 184.

No ano de 1925, Burgess concebeu, conforme cita Clark em sua obra *Introdução à geografia urbana* (1985, p. 183), o primeiro modelo da "teoria das zonas concêntricas" (Figura 3.1), reduzindo Chicago a um número de anéis concêntricos ordenados em torno de um Distrito Central de Negócios (CBD[iii]), cada um contendo um número de "áreas naturais". Com embasamento no modelo, o desenvolvimento de uma cidade se processa da sua área central em direção às áreas periféricas (periferia), conforme os anéis concêntricos, adequados a díspares formas de utilização do solo.

Anos mais tarde, em 1939, o economista Hommer Hoyt, tomando como base o modelo de Burgess, criou um modelo mais complexo, combinando círculos com setores, como você pode observar na Figura 3.2 (1).

iii. O centro da cidade é conhecido como *Central Business District* (CBD).

Figura 3.2 – Modelo de organização interna da cidade de Hoyt (1) e Harris e Ullman (2)

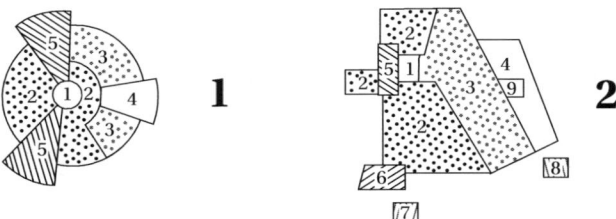

1 Distrito Central de Negócios (CBD)	7 Suburb residencial
2 Área residencial do estrato de renda baixo	(*status* médio/alto)
3 Área residencial do estrato de renda médio	8 Suburb industrial
4 Área residencial do estrato de renda alto	9 Subcentro de
5 Comércio atacadista e indústrias leves	comércio e serviços
6 Indústria pesada	

Fonte: Elaborado com base em Souza, 2003, p. 74.

Dois são os modelos apresentados na Figura 3.2. Diferentemente dos anéis concêntricos apresentados na Figura 3.1 de Burgess, Hoyt (1) apresentou, em 1939, o chamado *modelo setorial*. Nesse modelo, o teórico reconhece os contrastes básicos centro-periferia e alega que, após a distinção espacial dos diferentes usos no centro da cidade, as diferenças mantêm-se à medida que se dá a expansão da cidade, desenvolvendo-se setores de ocupação bem definidos, estruturados pelos principais eixos de transporte. Ou seja, conforme Clark (1982), citado por Reani (2013), a indústria pesada é atraída para onde estão localizadas as estradas de ferro e os canais. Borsdorf (2003), assim como Leme, Fernandes e Filgueira (1999) também concordam com Clark e argumentam que o aparecimento das primeiras indústrias próximas às linhas ferroviárias foi o responsável pela conexão da cidade com o restante do país.

Harris e Ullman (1945) concebem outra forma de organização interna da cidade (Figura 3.2, 2). Eles defendem que podem surgir diversos núcleos mais ou menos particularizados, mesmo existindo o CBD, caracterizado como o principal entre eles, que é manifestadamente a zona central de comércio; os demais podem ser áreas industriais, de serviços especiais, universitárias, de recreio, entre outros (Harris; Ullman, 1945).

Para Fagundes (2011, p. 27), no modelo de organização interna da cidade de Hoyt (1) e Harris e Ullman (2),

> as diferentes classes socioeconômicas organizavam-se por setores que tinham seu valor determinado em função da acessibilidade gerada pela configuração da malha viária e de transportes. As famílias de média e alta renda que não dependiam de transporte público se localizavam nos setores de maiores amenidades, longe da agitação do centro de negócios e indústrias, enquanto as famílias de baixa renda procuravam se localizar nas áreas próximas ao trabalho, evitando custos com o deslocamento.

Dessa forma, as diferentes abordagens e os diversos modelos espaciais refletem sobremaneira a complexidade da estrutura interna tanto no aspecto social quanto no espacial, podendo ser examinada sob diversos ângulos, dependendo do interesse.

3.1.1 Processos e formas espaciais

Ao estudar a estrutura interna da cidade, é fundamental ter claros os processos e as formas espaciais. Assim, na concepção de Corrêa (1989), o lugar privilegiado de ocorrência de uma série de processos sociais, entre os quais há acumulação de capital e reprodução social, ocorre na grande cidade capitalista. Os processos criam funções e formas espaciais, ou seja, designam atividades e suas materializações, cuja distribuição espacial constitui a própria organização espacial urbana.

Quais e quantos são, então, os processos espaciais e suas respectivas formas?

1. Centralização e área central.
2. Descentralização e núcleos secundários.
3. Coesão e áreas especializadas.
4. Segregação e as áreas sociais.
5. Dinâmica social da segregação.
6. Inércia e áreas cristalizadas.

Ainda na concepção de Corrêa (1989), os processos e as formas espaciais não são excludentes entre si, podendo ocorrer simultaneamente na mesma cidade ou no mesmo bairro. Nesse sentido, podemos afirmar que os processos espaciais são complementares entre si. Passamos, a seguir, ao debate de cada processo espacial mencionado anteriormente.

Para Corrêa (1989, p. 37-38), a **centralização** e a **área central** constituem um processo espacial[iv] e sua respectiva forma:

> A partir do começo do século XX o processo de centralização e a sua correspondente forma espacial, a Área Central, passaram a ser sistematicamente considerados pelos estudiosos do fenômeno urbano. [...]
>
> De fato, a Área Central constitui-se no foco principal

iv. Processo espacial "constitui-se em um conjunto de forças atuantes ao longo do tempo, postas em ação pelos diversos agentes modeladores, e que permitem localizações e relocalizações das atividades e da população na cidade. [...] Trata-se de uma expressão empregada por geógrafos para tentar dar conta do que ocorre no espaço ao longo do tempo" (Corrêa, 2004, p. 36-37).

não apenas da cidade, mas de sua hinterlândia[v]. Nela concentram-se as principais atividades comerciais, de serviços, da gestão pública e privada, e os terminais de transportes inter-regionais e intraurbanos. Ela se destaca na paisagem da cidade pela sua verticalização.

Para Villaça (2012), o centro[vi] principal é o mais importante elemento da estrutura urbana. Na concepção do autor, é o único que existe em todas as cidades de todos os tamanhos e de qualquer período histórico. Na Figura 3.3, apresentamos um exemplo do núcleo urbano central da Região Metropolitana de Curitiba (RMC). Já na concepção de Sposito (1991, p. 6),

> no interior da cidade, o centro não está necessaria-mente no centro geográfico, e nem sempre ocupa o sítio histórico onde esta cidade se originou. Ele é antes de tudo ponto de convergência/divergência, é o nó de circulação, é o lugar para onde todos se diri-gem para algumas atividades e, em contrapartida, é o ponto de onde todos se deslocam para a interação destas atividades aí localizadas com as outras que se realizam no interior da cidade ou fora dela. Assim, o centro pode ser qualificado como integrador e dis-persor ao mesmo tempo.

---

v. Trata-se de área subordinada economicamente a um centro urbano.

vi. Toda cidade tem um centro. Observamos, no decorrer da história, que os centros das cidades têm recebido diversas adjetivações: *centro tradicional, centro de negócios, centro histórico, centro de mercado, centro principal* ou, simplesmente, *centro*.

Figura 3.3 – Mapa da Região Metropolitana de Curitiba e o núcleo urbano central

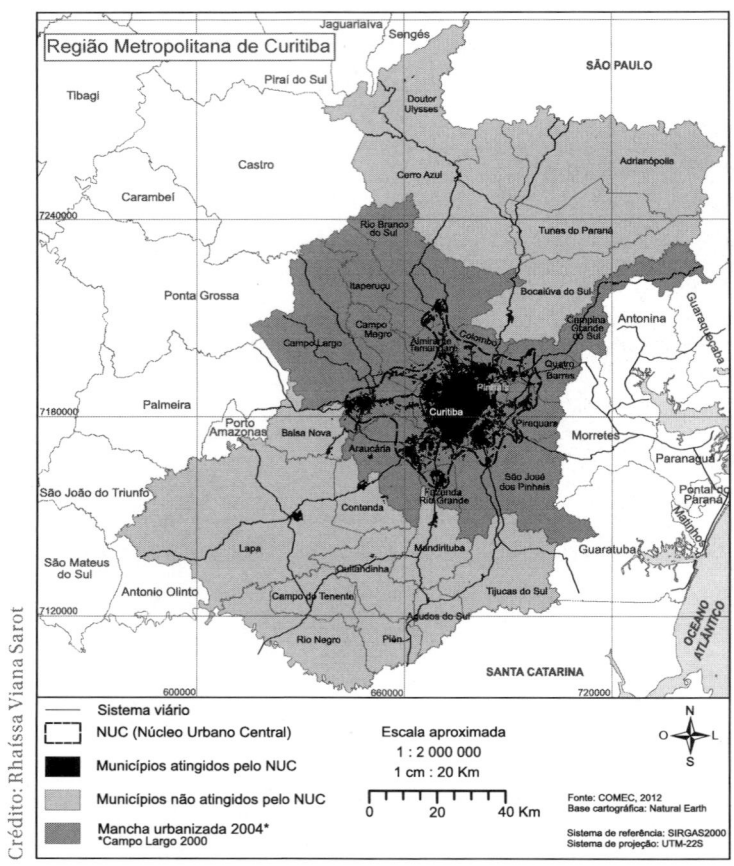

O segundo processo espacial diz respeito à **descentraliza-ção** e aos **núcleos secundários**, que aparecem, segundo Corrêa (1989), como uma medida das empresas visando eliminar as deseconomias motivadas pela demasiada centralização. Por outro lado, o autor argumenta que existe uma menor rigidez locacional no âmbito da cidade, em razão do aparecimento de fatores de atração em áreas não centrais. Assim, a descentralização torna o espaço urbano mais complexo, promovendo o surgimento de núcleos secundários, que podem ser os núcleos secundários do comércio e serviços e também os relacionados à indústria, conforme você pode observar no Quadro 3.2.

Quadro 3.2 – Os núcleos secundários de comércio e serviços

Forma/Função	Hierarquizada	Especializada
Áreas	Subcentros: regional de bairros; de bairro; lojas de esquina.	Distritos médicos; distrito de diversões etc.
Eixos	Rua comercial de bairros; rua comercial de bairro.	Ruas de autopeças; ruas de imóveis; ruas de confecções etc.

Fonte: Corrêa, 1989, p. 50.

Quanto ao núcleo secundário relacionado à indústria, dois padrões locacionais intraurbanos surgiram a partir de meados do século XIX com a industrialização. O primeiro envolvia áreas que eram periféricas, contudo não distantes no espaço urbanizado de modo contínuo. Já no segundo padrão locacional se localizavam as indústrias no espaço que hoje constitui a área central.

Outros processos espaciais referem-se à **coesão** e às **áreas especializadas** e à **segregação** e às **áreas sociais**. O primeiro pode ser definido como o movimento que leva as atividades a se localizarem juntas, o que representa o sinônimo de *economias externas de aglomeração*. Já com relação à segregação, o autor apresenta como sendo residencial, podendo ser definida como uma concentração de tipos de população dentro de um lado do território. A segregação residencial é uma expressão espacial das classes sociais e tem se intensificado nas cidades aliada ao aumento das desigualdades sociais e, consequentemente, da exclusão social, principalmente das pessoas que possuem menor poder aquisitivo. Em sua obra *O espaço urbano*, Corrêa (1989, p. 69-70) teoriza:

> A segregação é dinâmica, envolvendo espaço e tempo, e este processo de fazer e refazer pode ser mais rápido ou mais lento, de modo que uma fotografia, um padrão espacial, pode permanecer por um longo período de tempo ou mudar rapidamente.
>
> [...] a segregação tem um dinamismo onde uma determinada área social é habitada durante um período de tempo por um grupo social e, a partir de um dado momento, por outro grupo de *status* inferior ou, em alguns casos, superior, através do processo de renovação urbana.
>
> [...] A dinâmica espacial da segregação gerou, de um lado, aquilo que a literatura registra como sendo a "zona em transição", área de obsolescência em torno de um núcleo central, também denominada de "zona periférica do centro".

A Figura 3.4 procura dar conta dessa dupla dimensão da **dinâmica da segregação**:

Figura 3.4 – Dois esquemas da dinâmica espacial da segregação

a) Relativo ao grupo de alto *status*

b) Relativo ao grupo de baixo *status*

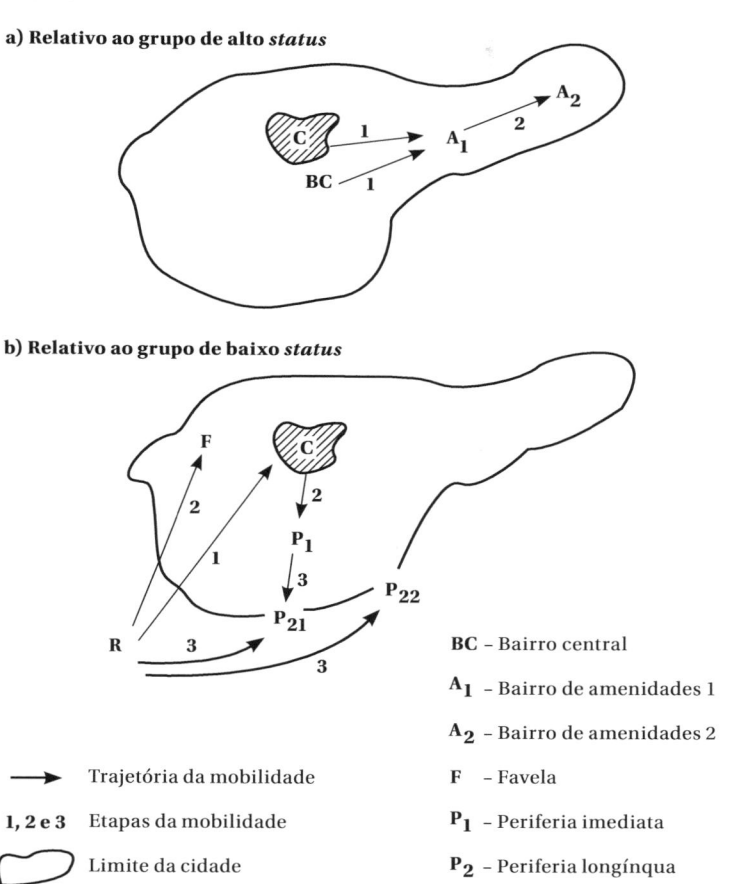

BC – Bairro central

A_1 – Bairro de amenidades 1

A_2 – Bairro de amenidades 2

→ Trajetória da mobilidade   F – Favela

1, 2 e 3 Etapas da mobilidade P_1 – Periferia imediata

Limite da cidade P_2 – Periferia longínqua

Área central e seu limite   R – Zona rural

Fonte: Elaborado com base em Corrêa, 1989, p. 72.

Para Corrêa (1989, p. 76), o

> processo de inércia atua na organização espacial in-
> traurbana através da permanência de certos usos e
> certos locais, apesar de terem cessado as causas que
> no passado justificaram a localização deles. O proces-
> so em questão vai traduzir-se na preservação simul-
> tânea da forma e do conteúdo, e não apenas na forma
> como mudança de conteúdo, pois isto seria, em reali-
> dade, o processo de substituição ou invasão-sucessão.

Ainda na concepção de Corrêa (1989), existem **três padrões de segregação residencial** que são conhecidos pelos nomes daqueles que formalizaram evidências empíricas sobre a distribuição espacial das classes sociais e suas frações na cidade: são os denominados *modelos de Kohl, de Burgess* e *de Hoyt*.

O primeiro modelo foi formulado em 1841. Ele generalizava a maneira como os grupos sociais estavam distribuídos nas cidades da Europa continental, numa época em que os efeitos do capitalismo sobre a organização espacial não se faziam sentir plenamente: tratava-se na realidade da cidade pré-industrial. A cidade era marcada pela segregação da elite ao centro, enquanto na periferia viviam os pobres. A lógica desse padrão residia no fato de que, na metade do século XIX, assim como anteriormente, a mobilidade intraurbana era muito limitada e a localização junto ao centro da cidade constituía uma necessidade para a elite porque ali se localizavam as mais importantes instituições urbanas. Ex.: cidades africanas no período colonial, Moscou no final do século XIX etc.

Com base nas grandes cidades norte-americanas da década de 1920, generalizava-se um padrão de segregação residencial em que os pobres residiam no centro e a elite na periferia da cidade, em aprazíveis subúrbios.

Já no modelo de Hoyt, a segregação espacial não assumia um padrão em círculos em torno do centro, mas em setores a partir do centro. As áreas residenciais de alto *status* localizam-se nos setores de maiores amenidades, encontrando-se cercadas pelos setores de população de baixo *status*.

Por fim, o processo de **inércia** atua na organização espacial intraurbana por meio da permanência de certos usos e de certos locais, apesar de terem cessado as causas que, no passado, justificaram a localização deles. O processo em questão vai traduzir-se na preservação simultânea da forma e do conteúdo, e não apenas na forma como mudança de conteúdo.

3.2 Morfologia e forma urbana

No Capítulo 1, foram estudados conceitos que ajudam a entender o que é e como está organizada a cidade, uma vez que a concentração de pessoas, serviços e mercadorias são seus elementos formadores e também porque o estudo da morfologia urbana constitui-se em um instrumento importante no entendimento e no planejamento da cidade. Para isso, é fundamental entender a morfologia, a estrutura, a função e a rede urbana, que são elementos relacionados a ela.

Quando buscamos o sentido da palavra *morfologia*, confrontamo-nos com o termo *forma*. Qual será, então, o sentido da palavra *forma*? Conforme Ferreira (1999), podemos afirmar que é o conjunto dos limites exteriores de um objeto ou de um corpo que lhe conferem um feitio, uma configuração ou uma determinada aparência; formato. Determinada a forma, o que é, então, a morfologia? A morfologia pode ser descrita como a disposição de suas formas, seus usos e apropriações, podendo também ser definida, na sua essência, como resultado e reflexo da produção e reprodução do espaço no capitalismo.

Portanto, o estudo do desenvolvimento da noção de espaço ou das inúmeras noções que interferem na representação do espaço deve ser compreendido mediante diferentes pontos de vista (Rocha, 2010).

Capel (2002, citado por Rocha, 2010, p. 4), parte do pressuposto teórico de que "no estudo da morfologia urbana as cidades se desenvolvem na égide do capitalismo, rompendo com as tradições seculares adquiridas pelo processo de produção do espaço pela humanidade". Os aspectos fundamentais dos estudos de geografia tendem a lidar com conteúdos relativos à superfície construída, às edificações, ao uso do solo e ao estudo morfológico de áreas concretas da cidade.

Nos pressupostos de Rocha (2010), portanto, a análise da morfologia urbana está diametralmente relacionada com a investigação de como as cidades se desenvolveram ao longo do tempo histórico e como o pensamento geográfico analisa essa morfologia.

Assim, quando analisamos a forma urbana, é possível perceber que os padrões de organização espacial decorrem dessas relações, refletindo, em alguns casos, o funcionamento da estrutura econômica, política e social de cada lugar, havendo também uma inversão da coerção de um sobre o outro, isto é, em termos estruturais (Rocha, 2010, p. 4). Para Lefebvre (2006, citado por Rocha, 2010), depois da industrialização, a vida urbana ganha uma forma, que se tornou função em novas estruturas. Para o autor, formas, estruturas e funções urbanas agiram umas sobre as outras e se modificaram – movimento que o pensamento pode hoje reconstruir e dominar.

Contudo, muitos são os instrumentos de leitura necessários para o conhecimento do meio urbano que auxiliam na organização e na estrutura dos elementos percebidos e na relação objeto-observador. Na teoria de alguns autores, é importante destacarmos três pontos: a morfologia urbana, o estudo da morfologia urbana e o estudo morfológico.

O primeiro ponto, como já descrito, é a análise da forma do meio urbano nas suas partes físicas exteriores ou elementos morfológicos, bem como na sua produção e transformação no tempo. O segundo ponto preocupa-se com a divisão do meio urbano em partes e com a articulação destas entre si e com o conjunto que as define. Sendo assim, é necessário identificar e classificar os elementos morfológicos, quer em relação à leitura ou à análise do espaço, quer em relação à sua concepção ou produção. Já o terceiro ponto, o estudo morfológico, deve levar em consideração os níveis ou momentos de produção do espaço urbano. Sintetizando, podemos afirmar que a chamada *forma urbana* corresponderia ao meio urbano como arquitetura, portanto, conjunto de objetos arquitetônicos ligados entre si por relações espaciais. A chave da interpretação correta e global da cidade como estrutura espacial seria a arquitetura (Lamas, 2004).

Ao mesmo tempo em que a morfologia urbana é condicionada, ela também condiciona as formas de desenvolvimento espacial. Pereira (2007, citado por Rocha, 2010) afirma que a morfologia urbana pode ser entendida por meio do arranjo de suas formas, bem como pelos seus consequentes usos e apropriações.

Rocha (2010, p. 2), citando Assen de Oliveira (1992), mostra que a "verificação da morfologia permite a apreensão: estrutura formal, das permanências e alterações e também identifica os tipos de mudanças e delimita os processos e relações na localidade".

A cidade não é somente uma estrutura espacial, em que impreterivelmente existe uma relação entre os elementos que a constituem e o seu espaço, mas é, também, o resultado de uma sociedade que a produz e de diversas outras condições, entre as quais estão presentes as históricas, as sociais, as econômicas e as políticas. Assim sendo, para Rocha (2010), a apropriação social e cultural do espaço da cidade determina também a sua forma.

O modo como se estruturam e se organizam os elementos morfológicos estabelece uma comunicação estética por sua arquitetura. Sobre os elementos morfológicos, Lamas (2004, p. 46) cita que são "aqueles que constituem as unidades ou partes físicas, que associadas e estruturadas constituem a forma". Portanto, como identificar os chamados *elementos morfológicos*? Eles são identificados como vias/rotas; limites; bairros/setores; pontos nodais/nós e marcos/pontos de referência, que analisaremos na sequência.

Na década de 1960, Lynch (ver boxe a seguir) apresentou os elementos morfológicos fundamentais que compõem uma cidade com base na imagem que as pessoas fazem dela. Assim, o autor, em um primeiro momento, entrevistou um certo número de pessoas que haviam desenhado, individualmente, a seu modo, o mapa da cidade. Em um segundo momento, Lynch, com base nos desenhos, levantou os cinco principais elementos presentes na paisagem urbana nos mapas desenhados: caminhos, bordas ou margens, nós, bairros e marcos, conforme podemos observar na Figura 3.5.

Kevin Lynch

É um dos grandes autores do urbanismo, responsável por uma das obras mais famosas e influentes da área: *A imagem da cidade* (1997). Nela, ele destaca a maneira como percebemos a cidade e as suas partes constituintes, baseado em um extenso estudo em três cidades norte-americanas, no qual pessoas eram questionadas sobre sua percepção sobre a cidade, como estruturavam a imagem que tinham dela e como se localizavam.

Figura 3.5 – Os cincos principais elementos dos mapas mentais de Lynch

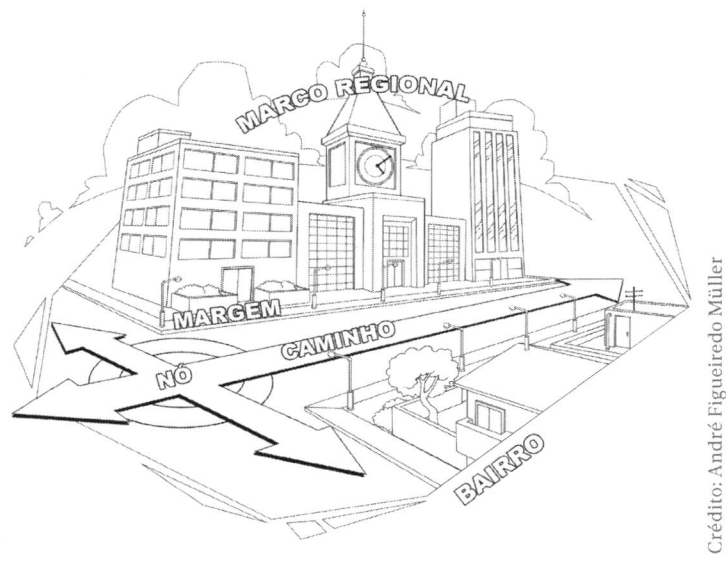

Crédito: André Figueiredo Müller

Fonte: Elaborado com base em Clark, 1985, p. 39.

Clark (1985, p. 39) descreve que "os caminhos são as vias pelas quais nós costumeiramente, ocasionalmente ou potencialmente nos movemos dentro da cidade. Elas estendem-se de ruas a canais, e são linhas de referência que utilizamos para ordenar outros elementos". As bordas ou margens são interrupções na continuidade da cidade. As bordas mais pronunciadas são, usualmente, destacadas, contínuas na forma e compactas. Uma margem pode tomar a forma de um rio, uma linha férrea, uma grande parede ou, igualmente, um pedaço verde florestado.

> Os nós são pontos focais dentro da cidade. Eles são geralmente cruzamentos de ruas ou lugares de encontro, onde as atividades estão concentradas [...]. Bairros são parcelas de grandeza média a grande, de uma cidade, que são identificadas por algum caráter comum e no qual o indivíduo pode entrar. (Clark, 1985, p. 39)

Os marcos locais são também pontos de referência, mas muito menores em tamanho que os nós.

Dentre os teóricos que propalam os chamados **elementos morfológicos** utilizados no texto como referências, estão Panerai (1983) e Assen de Oliveira (1992), além do próprio Lynch (1997). Assim, para Lynch (1997), é por meio das **vias** que os observadores registram os outros elementos ambientais, se organizam e se relacionam. Já Panerai (1983) utiliza a categoria *rotas* e acrescenta que estas são elementos que permitem uma primeira aproximação do observador com a paisagem urbana. Para Assen de Oliveira (1992), a via é o lugar da acessibilidade e da permeabilidade ou da continuidade.

Um segundo elemento morfológico apresentado são os **limites**, os quais são vistos como fronteiras pelo observador, a divisão entre duas fases, podendo ser barreiras mais ou menos penetráveis, como as barreiras de crescimento do tecido urbano. Para Leite e

Anjos (2010), esses elementos têm importante característica organizacional, pois sua função confere unidade às áreas diferentes, como o contorno por água ou faixa de areia.

Na concepção tanto de Lynch (1997) quanto de Panerai (1983), a categoria dos **bairros/setores** apresenta características em comum que correspondem às áreas de fácil identificação. Leite e Anjos (2010) mostram, com base em Panerai (1983), que essa identificação pode ocorrer tanto pela homogeneidade quanto pela heterogeneidade e que nem sempre os setores correspondem aos limites dos bairros. *Bairros* são, na concepção de Clark (1985), parcelas de grandeza média a grande de uma cidade, que são identificadas por algum caráter comum e nas quais o indivíduo pode entrar.

Os pontos **nodais/nós**, outro elemento morfológico, são descritos por Lynch (1997, p. 52) como "pontos estratégicos de uma cidade através dos quais o observador pode entrar, são os focos intensivos para os quais ou a partir dos quais ele se locomove". Panerai (1983), citado por Leite e Anjos (2010, p. 3), conceitua os *nós* como:

> pontos estratégicos na paisagem urbana, sendo o foco de convergência, reencontro de rotas ou pontos de rupturas, como locais de interrupção do transporte, um cruzamento, uma esquina. Estes pontos são, ainda, o foco e a síntese de um bairro, podendo se tornar símbolo, pois dele se irradia e se concentra fatos.

Clark (1985) cita como exemplo de nós uma área de lojas ou um edifício de escritórios.

O último elemento morfológico a ser apresentado são os **marcos/pontos de referência**. No elemento citado, Lynch (1997) mostra que o observador encontra-se externo a eles. Já Panerai (1983), citado por Leite e Anjos (2010, p. 3), observa que, comumente, são elementos construídos com alguma forma particular que facilita sua identificação, podendo ser definido como um simples objeto físico. Ou seja, numa probabilidade mais próxima, um marco pode ser anúncios e sinais, fachadas, uma árvore. O autor ainda cita que o ponto de referência pode marcar um nó, caracterizar um setor ou então aparecer isolado.

Clark (1985) apresenta o Big Ben, em Londres, e a Torre Eiffel, em Paris, como exemplos de marcos urbanos.

Portanto, na concepção de Leite e Anjos (2010, p. 4), os elementos têm um caráter relativo, evidenciado pelo ponto de referência do qual determinado elemento é analisado. No entanto, as categorias se apresentam com estabilidade e definição coerente para auxiliar os observadores na análise gerada pela forma física de uma cidade.

3.3 Rede e funções urbanas

No Capítulo 1, trabalhamos a origem e o desenvolvimento da cidade. No entanto, é necessário responder se, de fato, existe uma relação entre rede urbana e espaço. Cabe-nos destacar que o conceito de **rede urbana** e a forma como ela está hierarquizada varia muito entre os autores, devido ao grande número de metodologias existentes.

Como já vimos anteriormente, além das cidades ocuparem distintos espaços no território brasileiro, elas apresentam particularidades (especificidades) e funções que as diferenciam umas das outras. É de suma importância para o estudo da dinâmica territorial e também do viés econômico, social e político conhecer a localização das cidades e procurar entender como elas estão distribuídas e organizadas no território.

A partir dos anos de 1930, iniciaram-se no Brasil os primeiros estudos sobre a rede urbana. Na concepção de Vieira et al. (2011), a partir dessa data, registrou-se uma produção institucional mais abrangente de estudos de geografia urbana destinados a subsidiar o planejamento regional, embora este já fosse adotado no Brasil desde o século XIX. Ou seja, é fundamental conhecer a rede urbana para compreender os processos de planejamento e desenvolvimento do território.

Na concepção de Vieira et al. (2011), a partir da primeira metade do século XX, a vinculação entre geografia, desenvolvimento econômico e redes urbanas tornou-se mais presente, o que ocorreu devido à necessidade do governo de elaborar os processos de ocupação do território brasileiro.

A expressão *rede urbana* apresenta inúmeras definições, podendo ser descrita como o conjunto articulado de cidades e grandes centros urbanos que se integram tanto em escala mundial quanto regional e local por meio de fluxos de serviços, mercadorias, capitais, informações e recursos humanos.

Corrêa (1989) mostra que o conceito de rede tem origem no latim *retiolus,* que significa um conjunto de linhas entrelaçadas. Assim, dois são os elementos principais que formam a rede urbana: as cidades e as ligações que elas estabelecem entre si. A rede é hierarquizada de acordo com a importância dos nós – ou seja, as cidades – ou dos eixos – que correspondem às ligações entre as cidades (Reani, 2013).

Para Corrêa (2006, p. 27), a rede urbana caracteriza-se como "um conjunto de centros funcionalmente articulados e que reflete e reforça as características sociais e econômicas de um território", compreendida aqui como uma hierarquia urbana.

O Instituto de Pesquisas Econômicas Aplicadas (Ipea, 2002b, p. 34) traz a seguinte observação:

A partir de tão simples definição, vista ou como conceito teórico, ou como noção utilizada pelos mais diversos atores sociais, pode-se imaginar uma infinidade de redes: redes urbanas, redes bancárias, redes estratégicas, redes de transportes, redes de organizações não governamentais (ONG), redes de informações etc.

Em seus pressupostos, o Ipea (2002b, p. 34) expõe que as redes são instrumentos que viabilizam a circulação e a comunicação,

e estas, por seu turno, têm fundamental destaque na organização do espaço. A organização espacial é revelada, por um lado, pelos elementos fixos – cidades, casas, fazendas, portos, indústrias etc. –, fruto do trabalho social dos homens. Por outro lado, o entendimento daquela organização é complementado pelos fluxos que estabelecem interações entre os mencionados elementos fixos, originando as redes.

No entendimento de Singer (1973, p. 141):

Seja como for, uma vez "fixada", pelo menos por um certo período, a especialização de cada cidade, que em boa medida vai determinar seu ritmo de crescimento e, portanto, seu tamanho, o conjunto das cidades desenvolve um extenso sistema de trocas que configura, sob o ponto de vista econômico, a rede urbana.

Singer (1973, p. 141) conclui, assim, que, para entender o funcionamento da rede urbana, é preciso partir da constatação de que nenhuma economia urbana, nem a de uma cidade isolada nem a do conjunto delas, pode ser autossuficiente. Isso porque, na concepção do autor, a cidade não pode produzir nem alimentos para sua população nem matéria-prima para a indústria.

Santos (1996) explicita que a noção de *rede urbana* elaborada por geógrafos e urbanistas exprime no espaço um jogo de fatores de natureza e de intensidade diferentes, que se combinam de forma variável no tempo. O autor ainda apresenta a definição precisa de George (1964, p. 280, citado por Santos, 1996, p. 40): "para que exista rede urbana, é necessário discernir diversas relações que estabelecem conexões funcionais permanentes entre os elementos urbanos da rede e entre eles com o meio rural".

Assim, na concepção de Reani (2013), automaticamente, quando se localiza uma cidade no território, é possível relacioná-la a outras cidades. Portanto, a hierarquização das cidades, segundo a importância de suas funções, define a rede urbana. As cidades apresentam inúmeras funções que variam, podendo ser: comercial, industrial, financeira e política, cultural e informacional. No caso de uma cidade que tem um número acentuado de indústrias, a lógica é que apresente funções urbanas ligadas à função industrial, o que também pode ser aplicado para as demais atividades citadas. Quanto maior a cidade, maior também será a concentração de atividades altamente especializadas. Assim, as cidades menores habituam-se a ser dependentes das cidades tidas como maiores e mais desenvolvidas economicamente.

Segundo Souza (2003, p. 63), em sua obra *ABC do desenvolvimento urbano*, nenhuma cidade existe totalmente isolada, sem trocar informação e bens com o mundo exterior, pois, se esse processo deixar de existir, não seria uma cidade. De acordo com a intensidade dos fluxos, todas as cidades se encontram ligadas entre si no interior de uma rede urbana. Mesmo na escala internacional, as cidades estão articuladas entre si, econômica, cultural e politicamente. O autor relata que as cidades, na qualidade de **centros de difusão**, apresentam, ao longo da rede urbana, uma diferenciação como suporte para a disseminação de bens e ideias, com base no processo hierárquico das cidades.

Assim, localizar a cidade principal e também as demais cidades que são influenciadas por ela é o primeiro passo para representar a rede urbana. A chamada *hierarquização* entre as cidades ocorre, entre outras formas, pela análise da densidade populacional e, também, por critérios como poder político-administrativo e forte produção industrial, entre outros. Para Corrêa (2006, p. 27), a rede urbana caracteriza-se como "um conjunto de centros funcionalmente articulados e que reflete e reforça as características sociais e econômicas de um território", compreendida aqui como uma **hierarquia urbana**. Muitas das teorias sobre a rede urbana partem da teoria dos lugares centrais (*Central Places in Southern Germany*) desenvolvida e publicada em 1933 por Walter Christaller.

A maioria dos estudos sobre redes urbanas refere-se à hierarquia existente entre as cidades. Tais estudos enfocam o número de cidades, suas dimensões, sua distribuição espacial e, principalmente, a natureza das diferenças entre elas.

O banqueiro francês Richard Cantillon, no ano de 1755, produziu aquela que é considerada a primeira hierarquia urbana, num trabalho que objetivava a racionalização, no tempo e no espaço, de seus negócios (Ipea, 2002b). Contudo, a teoria dos lugares centrais, do geógrafo alemão Walter Christaller, talvez seja a mais famosa e mais difundida a respeito da hierarquia urbana, como podemos observar na Figura 3.6. Para Christaller, existiriam elementos reguladores sobre número, tamanho e distribuição das cidades. Além disso, independentemente de seus respectivos tamanhos, todo núcleo de povoamento é considerado uma localidade central, equipado de funções centrais, que abrangem a distribuição de bens e serviços para a população externa à localidade, residente em sua área de mercado ou região de influência. Para Christaller, citado por Ipea (2002b), a centralidade seria dada pela importância dos bens e serviços – funções centrais – oferecidos. Quanto maior o número de suas funções, maior seria a centralidade, sua área de influência e o número de pessoas por ela atendido.

Figura 3.6 – Estrutura hierárquica que expressa a organização espacial da rede urbana

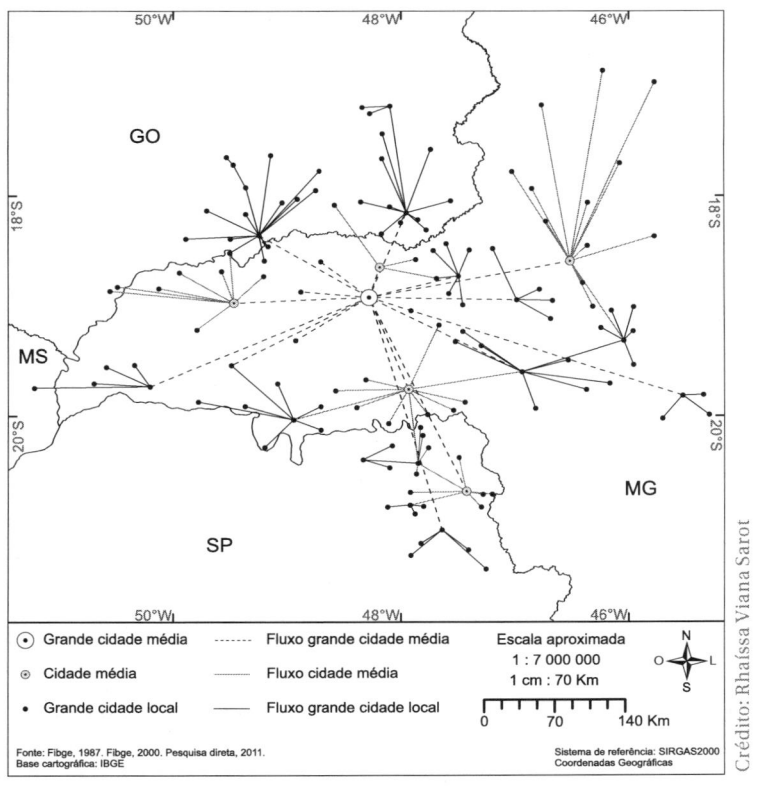

Fonte: Fibge, 1987. Fibge, 2000. Pesquisa direta, 2011.
Base cartográfica: IBGE

Sistema de referência: SIRGAS2000
Coordenadas Geográficas

Crédito: Rhalssa Viana Sarot

Fonte: Inep, 2008.

Conforme o *site* do Instituto Nacional de Pesquisas Espaciais (Inep), o cartograma expresso na Figura 3.6 representa a área de polarização de uma cidade categorizada como grande **cidade média** (lugar central). Ele retrata a estrutura hierárquica e expressa a organização espacial da rede urbana, assim como a forte hierarquização da grande cidade média sobre os demais centros urbanos. Corrêa (2007), citado por Guedes e Portella (2010), alerta que a cidade média pode ser considerada um estado transitório e as implicações disso podem ser amplas para o estabelecimento de um conceito dessa categoria de cidade. O conceito de cidade média como *forma* tem a ver com o seu tamanho demográfico. Para o Instituto Brasileiro de Geografia e Estatística (IBGE, 2005), a cidade média é aquela que apresenta uma população entre 50 mil e 500 mil habitantes. Há também o conceito de cidade média como *função*. Para Sposito (2004), a importância de uma cidade média tem relação direta com a área sobre a qual ela é capaz de exercer influência.

Para Corrêa (1989), os tipos preliminares de cidades médias podem ser: lugar central, centro de drenagem e consumo da renda fundiária e centro de atividades especializadas. Essas três tipologias ressaltam o papel de três tipos de elites locais: a elite comercial, a elite fundiária e a elite empreendedora, respectivamente. A presença da elite é crucial para a qualificação de uma cidade média, pois uma cidade com forma de cidade média cujos capitais sejam externos não pode ser caracterizada como tal (Corrêa, 2007, citado por Guedes; Portella, 2010).

Já quando se reporta à hierarquia urbana e às relações de interação ao longo da rede, Faissol (1994) conclui que elas são inseparáveis da estrutura dos serviços e bens que a urbanização promove, conforme podemos verificar na Figura 3.7.

Figura 3.7 – Teoria clássica dos lugares centrais: a derivação da hierarquia funcional da provisão de serviços

Mercadorias e serviços classificados em ordem descendente do tamanho do limiar

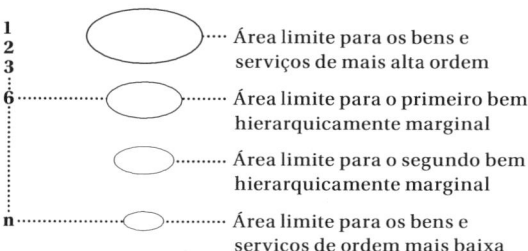

1
2
3
⋮ ···· Área limite para os bens e
6 ················· serviços de mais alta ordem

Área limite para o primeiro bem
hierarquicamente marginal

Área limite para o segundo bem
hierarquicamente marginal

n ···················· Área limite para os bens e
serviços de ordem mais baixa

Área limite para o primeiro bem
Bens e serviços da mais alta ordem   hierarquicamente marginal

Classificação 1   Classificação 3   Classificação 8

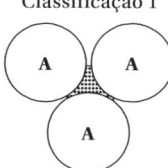   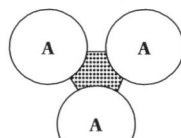   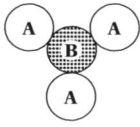

▦ Área de lucros excedentes

Área de pe-   Área de maiores   A área de "lucros ex-
quenos "lucros   "lucros excedentes"   cedentes" equiva-
excedentes"   le à área limite de
comércio. O centro
de nível B se loca-
liza numa posição
intermediária.

Fonte: Elaborado com base em Clark, 1985, p. 132.

127

Com isso, emergem três níveis principais de sistemas de localidades:

a. **um sistema urbano/metropolitano de grandes cidades**, que atrai uma migração intensa, e que leva a operar em linha contrária à da maior eficiência que as economias de escala do tamanho fariam supor;

b. **um sistema de cidades médias**, beneficiárias diretas dos transbordamentos metropolitanos, que amplia a capacidade do sistema espacial de crescer e se desenvolver, e que precisa fazer a ligação do sistema metropolitano com as hierarquias menores do sistema urbano, pois o seu segmento superior (as capitais regionais já fazem uma razoável ligação com o sistema metropolitano) praticamente atinge apenas o nível imediatamente abaixo, que é este nível intermediário;

c. **um sistema de cidades pequenas**, em geral sem centralidade (e às vezes muito pequenas até mesmo em termos de um conceito de cidade; elas existem por força de uma definição legal de cidade sede de município) [...] Em conjunto com os centros de zona [...] farão a ligação com o sistema de cidades médias, de um lado, e com a economia rural de outro, assim integrando todo o sistema (Faissol, 1994, p. 150).

Assim, para Faissol (1994), citado por Corrêa (2006), a rede urbana é um reflexo da realidade e dos efeitos acumulados pela prática por agentes sociais distintos, incluindo amplas corporações multifuncionais e multilocalizadas, que, de forma efetiva, introduzem atividades que geram diferenciações entre os centros urbanos, tanto na cidade como no campo.

Síntese

Ao longo deste capítulo, foi possível verificar que a cidade é heterogênea e que apresenta um alto grau de diferenciação interna. Ou seja, cada cidade apresenta diferentes estrutura, forma e função urbana. Levamos em consideração que, com o entendimento da morfologia urbana, é possível compreender os processos de planejamento da cidade e como elas estão localizadas, distribuídas e organizadas no território. Portanto, o estudo da morfologia de uma cidade é uma maneira de se obter uma leitura sobre ela, podendo a morfologia ser entendida como o arranjo de suas formas, bem como seus consequentes usos e apropriações.

Além disso, é importante destacarmos a importância dada à rede urbana na concepção de diferentes autores trabalhados no capítulo, como Corrêa, Singer, Santos e Reani. Na concepção de Corrêa (2006, p. 27), a rede urbana caracteriza-se como "um conjunto de centros funcionalmente articulados e que reflete e reforça as características sociais e econômicas de um território", e é compreendida aqui como uma hierarquia urbana. Muitas das teorias sobre a rede urbana partem da teoria dos lugares centrais desenvolvida por Christaller.

Para finalizar, é importante destacarmos que as redes são caracterizadas como instrumentos que viabilizam a circulação e a comunicação, e estas, por seu turno, têm fundamental destaque na organização do espaço. A organização espacial é revelada, por um lado, pelos elementos fixos – cidades, casas, fazendas, portos, indústrias etc.–, fruto do trabalho social dos homens, e, por outro, o entendimento dessa organização é complementado pelos fluxos que estabelecem interações entre os elementos fixos mencionados, originando as redes.

Indicações culturais

Livro

SANTOS, M. **Manual de geografia urbana**. 3. ed. São Paulo: Edusp, 2008.

Esse manual apresenta uma perspectiva conceitual e metodológica. Independentemente dos dados estatísticos que foram mantidos da primeira edição, as análises produzidas na década de 1980 permitem compreender os processos de crescimento urbano, cujas consequências o autor já antevia. Desse modo, temas como crescimento populacional de urbes industrializadas e não industrializadas, suas estruturas sociais, migrações, seu crescimento econômico, bem como a "morfologia do tecido urbano", entre outros, são tratados com a acuidade analítica que caracteriza o autor.

Site

Ipea – Instituto de Pesquisa Econômica Aplicada. Disponível em: <http://www.ipea.gov.br/>. Acesso em: 14 fev. 2016.

Para conhecer mais sobre Caracterização e tendências da rede urbana do Brasil: estudos básicos para a caracterização da rede urbana *de forma completa, acesse o* site *do Ipea.*

1. Sobre as seis grandes abordagens apresentadas neste capítulo, conforme seus principais autores e áreas de pesquisa, numere as explicações de acordo com as abordagens e, em seguida, marque a alternativa que apresenta a sequência correta:

   1. Ecológica
   2. Livre-comércio
   3. Análise da área social
   4. Ecologia fatorial
   5. Conflito/Administração
   6. Marxista

   ( ) Principal área de pesquisa é a maximização da utilização; licitação de renda. Seu principal autor é Thünen (1826).

   ( ) Apresenta como área de pesquisa a luta pelo espaço entre os grupos humanos, tendo dois principais autores: Park (1916) e Mchenzie (1925).

   ( ) Apresenta como área de pesquisa a teoria do uso do solo urbano; mecanismo de alocação de moradores, sendo Harvey (1973) o principal autor.

   ( ) Tem como área de pesquisa os arranjos de poder: "guardiões"; seus principais autores são Cox (1976) e Phal (1975).

   ( ) Apresenta como área de pesquisa as consequências do desenvolvimento societário e seus autores são Shevky e Bell (1955).

   ( ) Oferece como área de pesquisa os padrões sociais e espaciais na cidade e apresenta um único autor: Berry (1971).

   a) 1, 3, 2, 4, 5, 6.
   b) 3, 2, 4, 6, 5, 1.
   c) 4, 1, 6, 5, 3, 2.
   d) 2, 1, 6, 5, 3, 4.

2. Ao estudar a estrutura interna da cidade, é fundamental ter claros os processos e as formas espaciais. Os processos criam funções e formas espaciais, ou seja, designam atividades e suas materializações, cuja distribuição espacial constitui a própria organização espacial urbana. Sobre os processos espaciais e suas respectivas formas, leia as afirmativas apresentadas a seguir e assinale a alternativa correta:

a) A coesão e as áreas especializadas constituem-se no foco principal não apenas da cidade, mas nela se concentram as principais atividades comerciais, de serviços de gestão pública, entre outros.

b) A centralização e área central podem ser definidas como aquele movimento que leva as atividades a se localizarem juntas. É sinônimo de *economias externas de aglomerações*.

c) A segregação é dinâmica e envolve tempo e espaço. Pode-se afirmar que a segregação é própria do capitalismo, não sendo típica da cidade pré-capitalista, caracterizada por forte imobilismo socioespacial.

d) A inércia e as áreas cristalizadas dizem respeito ao limitado crescimento horizontal, cuja expansão se faz, sobretudo, por uma mais acentuada verticalização, demolindo-se os prédios antigos.

3. Os elementos morfológicos são identificados como: vias/rotas; limites; bairros/setores; pontos nodais/nós e marcos/pontos de referência. Sobre tais elementos, leia as afirmativas

apresentadas a seguir e assinale V para as verdadeiras e F para as falsas. Depois, marque, a alternativa que apresenta a sequência correta:

( ) As vias/rotas são definidas como os canais de circulação pelos quais o observador se locomove; é através das vias que os observadores registram os outros elementos ambientais, se organizam e se relacionam.

( ) Os limites são vistos como fronteiras pelo observador, a divisão entre duas fases, podendo ser barreiras mais ou menos penetráveis, como as barreiras de crescimento do tecido urbano.

( ) Os bairros ou setores são pontos estratégicos de uma cidade através dos quais o observador pode entrar; são os focos intensivos para os quais ou a partir dos quais ele se locomove.

( ) Os pontos nodais/nós apresentam características em comum que correspondem a áreas de fácil identificação. Essa identificação pode ocorrer tanto pela homogeneidade quanto pela heterogeneidade e nem sempre os setores correspondem aos limites dos bairros.

a) V, F, V, F.
b) F, V, F, V.
c) V, V, F, F.
d) F, V, V, F.

4. (Enade – 2014) Observe a figura, leia o texto e responda:

Figura: Noções sobre a rede urbana

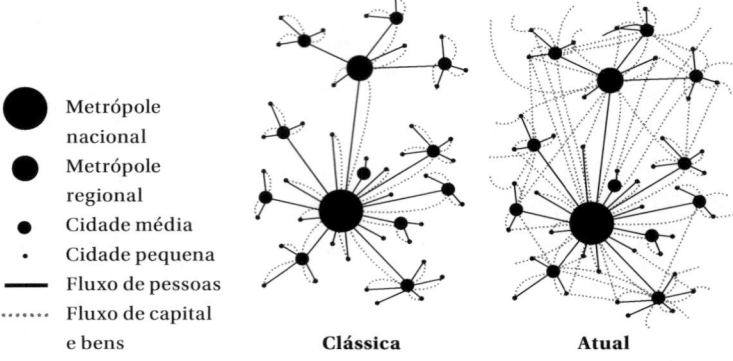

● Metrópole
   nacional
● Metrópole
   regional
● Cidade média
· Cidade pequena
— Fluxo de pessoas
······· Fluxo de capital
   e bens   **Clássica**   **Atual**

Fonte: Coleção Roberto Marinho. Seis décadas da arte moderna brasileira. Lisboa: Fundação Calouste Gulbenkian, 1989. p. 53.

O progresso técnico e os fatores institucionais facilitam o transporte de bens e pessoas, as comunicações e a mobilidade do capital, redundando no aumento de inter-relações e interdependência econômica entre firmas, cidades e países. A rede urbana sofre transformações sob o efeito da globalização econômico-financeira, assim, a complementariedade entre centros urbanos do mesmo nível hierárquico conhece um aumento. (SOUZA, M. L. **ABC do desenvolvimento urbano**. 6. ed. Rio de Janeiro: Bertrand Brasil, 2011. Adaptado)

Com base na figura e no texto, em relação às noções sobre a rede urbana, é correto afirmar que:

a) na noção atual, a rede urbana hierárquica mantém-se e é superposta por novos fluxos de capitais e bens.

b) na noção clássica, o progresso técnico, apesar de determinar a noção de hierarquia urbana, restringia o fluxo de capitais e pessoas.

c) na noção clássica, as cidades pequenas mantêm relações hierárquicas com cidades médias e anárquicas com metrópoles nacionais.

d) na noção atual, as metrópoles nacionais perdem seu poder hierárquico face à ampliação dos papéis das cidades médias e das metrópoles regionais.

e) na noção atual, as cidades pequenas rompem relações com centros intermediários e o fluxo de capital segue direto para metrópoles regionais e nacionais.

5. Sobre os principais conceitos trabalhados no capítulo para entender a estrutura da cidade, leia e numere os conceitos de acordo com os seus respectivos termos:

1. Elementos morfológicos
2. Rede urbana
3. Morfologia
4. Centro
5. Morfologia urbana

( ) Pode ser definido como um conjunto de localizações geográficas interconectadas entre si por um certo número de ligações ou como um conjunto de centros funcionalmente articulados, que reflete e reforça as características sociais e econômicas de um território.

( ) É a forma como se estruturam e se organizam os elementos morfológicos, que estabelecem uma comunicação estética por sua arquitetura. Constituem as unidades ou partes físicas que, associadas e estruturadas, constituem a forma.

( ) Considerado como principal, é o mais importante elemento da estrutura urbana. Portanto, é o único que existe em todas as cidades de todos os tamanhos e de qualquer período histórico.

( ) É resultado da produção e reprodução do espaço no capi-talismo. Portanto, o estudo do desenvolvimento da noção de espaço ou das inúmeras noções que interferem na re-presentação do espaço deve ser compreendido por dife-rentes pontos de vista.

( ) Podem ter várias definições, entre elas como a disposição de suas formas, seus usos e apropriações.

Indique a sequência correta:

a) 1, 3, 2, 4, 5.

b) 3, 2, 4, 5, 1.

c) 4, 1, 5, 3, 2.

d) 2, 1, 4, 3, 5.

Atividades de aprendizagem

Questões para reflexão

1. É comum para os pesquisadores ligados à morfologia urbana o fato de que a cidade pode ser "lida" e analisada por meio de sua forma física. Assim, além de concordarem sobre o objeto de seus estudos, pesquisadores ligados à morfologia urbana também concordam que a análise morfológica deve examinar os componentes elementares da forma urbana. O que antes de mais nada chama a atenção no desenho de uma cidade é a sua tessitura, a trama dos seus elementos.

Com base no que foi estudado no capítulo, pesquise como pode ser lido e analisado o tecido urbano do seu município, ou de municípios próximos ao seu, que é configurado pelo sistema viário, pelo padrão do parcelamento do solo, pela aglo-meração e pelo isolamento das edificações, bem como pelos espaços livres. Em outras palavras, o tecido de cidade é dado pelas edificações, ruas, quadras e lotes, parques, praças e monumentos, nos seus mais variados arranjos.

2. Observe as imagens:

Imagem A

Crédito: Dominique Landau/Shutterstock

Imagem B

Crédito: Romakoma/Shutterstock

As imagens A e B ilustram uma contradição característica de médios e grandes centros urbanos no Brasil, destacando-se o fato de que ambas dizem respeito a formas de segregação socioespacial. Considerando as imagens e seus conhecimentos, identifique e explique duas causas socioeconômicas geradoras do tipo de segregação retratado na Imagem A; o tipo de segregação retratado na Imagem B e uma causa socioeconômica responsável por sua ocorrência.

Atividade aplicada: prática

Na década de 1960, Kevin Lynch, na obra *A imagem da cidade*, apresentou os elementos fundamentais que compõem uma cidade por meio da imagem que as pessoas fazem dela, porém não deixando de constituir os elementos morfológicos. Assim, o autor, em um primeiro momento, entrevistou um certo número de pessoas e cada uma delas desenhou o mapa da cidade a seu modo. Em um segundo momento, o autor, com base nos desenhos feitos, levantou os cinco principais elementos presentes na paisagem urbana nos mapas desenhados: caminhos, bordas ou margens, nós, bairros e marcos.

Identifique no seu município quais são os chamados *elementos morfológicos* (vias/rotas; limites; bairros/setores; pontos nodais/nós e marcos/pontos de referência) e como eles estão distribuídos espacialmente.

4

O espaço urbano e os problemas socioambi-entais

Neste capítulo, enfocaremos algumas das transformações advindas do processo de urbanização e industrialização no Brasil, levando em consideração a mudança de agrário para urbano e as transformações socioambientais no espaço urbano. Procuramos também fazer um levantamento da questão ambiental urbana e sua institucionalização, analisando algumas das principais conferências que trazem a temática urbana *x* ambiental. Nosso principal objetivo é apresentar os problemas socioambientais urbanos e verificar se o planejamento urbano, juntamente com uma legislação urbanística e ambiental, são instrumentos adequados para planejar a cidade. Para tanto, é necessário adequar os padrões físicos e espaciais às necessidades da sociedade, buscando manter o equilíbrio ambiental e melhorar a qualidade de vida das pessoas.

4.1 O espaço urbano e a urbanização

Como já discutimos no Capítulo 1, o **espaço urbano** pode ser definido como o objeto de estudo da geografia urbana. Portanto, é necessário ter o domínio do conceito para entender como está organizada a cidade. Assim, a cidade, com suas inúmeras definições, pode ser estudada sob vários aspectos, seja sob a ótica da geografia física, seja da geografia humana. Quando nos reportamos à primeira delas, há a referência ao sítio urbano[i], sua configuração e estrutura; já as relações sociais e modo de vida das pessoas são remetidas à geografia humana. Ou seja, quando se faz referência ao espaço urbano e aos problemas ambientais, necessariamente

---

i. Local onde a cidade foi construída. Envolve, além da topografia, o relevo do local.

estão envolvidos as relações sociais e o modo de vida da população nos centros urbanos.

Não são poucas as transformações/mudanças pelas quais a vida urbana está passando, com alterações tanto nos modos de organização quanto nos de ocupação do espaço urbano. A cidade como **espaço público**, ou seja, como lugar de comunicação de diferentes grupos sociais, apresenta mutações, já que esses diferentes grupos estão fazendo apropriações distintas desse espaço. Grafiteiros, camelôs, usuários do transporte coletivo, trabalhadores se dirigindo aos seus locais de trabalho, pedintes, visitantes, turistas, cada grupo faz um uso diferente do espaço da cidade (Veloso, 2001, citado por Oliveira, L. L., 2002, p. 8).

Assim, a vida urbana tem recebido uma avaliação diferenciada ao longo da história do Ocidente. Em alguns momentos o progresso, em outros, a desordem. A obra intitulada *Cidade: história e desafios* (Oliveira, L. L., 2002) mostra que, durante muito tempo, pensou-se a cidade como lugar de modernidade e progresso em oposição ao mundo rural, considerado o lócus da tradição e do atraso. Os autores citam que a cidade passou a ser identificada como campo de racionalidade e do planejamento e, simultaneamente, como fonte de fragmentação e de aviltamento do indivíduo.

Na contextualização de Maricato (2013, p. 16),

> o Brasil, como os demais países da América Latina, apresentou intenso processo de urbanização, especialmente na segunda metade do século XX. Assim a urbanização, que ocorreu juntamente com a industrialização, trouxe inúmeros problemas das mais diversas ordens à formação das cidades que não tiveram ou não se preocuparam com um adequado planejamento urbano.

Santos (2013) argumenta que nos séculos passados a urbanização era menos competitiva; mas, com o surgimento da **urbanização corporativa**, isto é, empreendida sob o comando dos interesses das grandes firmas, a urbanização tornou-se um receptáculo das consequências de uma expansão capitalista devorante dos recursos públicos, uma vez que estes são orientados para os investimentos econômicos em detrimento dos gastos sociais.

Já na visão de Maricato (2003), o capitalismo alterou claramente as cidades, fortalecendo seu papel na organização da sociedade, da produção e do espaço. A autora afirma ainda que "as cidades eram vistas como o lado moderno e avançado de um país predominantemente agrário e atrasado" (Maricato, 2003, p. 78).

Leite (2006) explica que os espaços urbanos foram ocupados de forma rápida e desordenada, não havendo, assim, um planejamento prévio para a ocupação do solo urbano, o que gerou um intenso processo de periferização e uma consequente marginalização socioespacial, sentida/vivida por uma grande parcela da população que está longe da infraestrutura urbana. Mas como pode ser definido o espaço urbano? O geógrafo Roberto Lobato Corrêa (1989, p. 7, grifo do original) discute essa questão em seu livro *O espaço urbano*:

> Onde o espaço de uma grande cidade capitalista constitui-se, em um primeiro momento de sua apreensão, no conjunto de diferentes usos da terra justapostos entre si. Tais usos definem áreas, como o centro da cidade, local de concentração de atividades comerciais, de serviços e de gestão, áreas industriais, áreas residenciais distintas em termos de forma e conteúdo social, de lazer e, entre outras, aquelas de reserva para futura expansão. Este complexo conjunto de

usos da terra é, em realidade, a **organização espacial** da cidade ou, simplesmente, o espaço urbano, que aparece assim como espaço fragmentado.

Portanto, ao se chegarem ao século XXI, sob o impacto da globalização, as cidades e, consequentemente, o espaço urbano passam por transformações que alteram ainda mais sua dinâmica social e política, seu padrão de organização espacial (estrutura interna), a organização do trabalho, além da estrutura de consumo, criando novos e expressivos padrões de desigualdade social urbana. Ao mesmo tempo em que se difunde pelo espaço urbano, a economia capitalista consolida sua integração na escala planetária. Para Firkowski (2002), é das cidades que emanam os fluxos decisórios que comandam o capitalismo atual e é para elas que convergem as riquezas geradas em diferentes lugares e de diferentes formas, mas é também nas cidades que se observam as maiores contradições, as manifestações mais fortes da violência, da pobreza e da exclusão.

O Brasil não passou imune a esse processo. A década de 1970 ficou marcada no país pelo chamado *milagre econômico*. Nessa década, diante de uma expansão da população urbana, foram criadas 14 regiões metropolitanas. Em algumas dessas regiões, foram separados espaços destinados à instalação de indústrias, muitas delas multinacionais.

Esse "milagre econômico" não só contribuiu para o crescimento econômico, como acelerou o processo de êxodo rural e a expansão da industrialização nas cidades. No entanto, as cidades não apresentavam infraestrutura adequada para receber o contingente de pessoas que chegaram em busca de melhores condições de vida, gerando, assim, um crescimento desordenado da urbanização brasileira, o que provocou uma série de problemas socioambientais tanto rurais quanto urbanos.

Para as populações que vão para as cidades em busca de novas oportunidades de vida, as indústrias continuam a exercer grande atração. Segundo Oliveira (2013, p. 34), "a Revolução de 1930 marca o fim de um ciclo e o início de outro na economia brasileira: o fim da hegemonia agroexportadora e o início da predominância da estrutura produtiva de base urbano-industrial".

Ainda de acordo com Oliveira (2013, p. 35),

> Ainda que essa predominância não se concretize em termos de participação da indústria na renda interna senão em 1956, quando pela primeira vez a renda do setor industrial superará a da agricultura, o processo mediante o qual a posição hegemônica se concretizará é crucial: a nova correlação de forças sociais, a reformulação do aparelho e da ação estatal, a regulamentação dos fatores, entre os quais o trabalho e o preço do trabalho, têm o significado, de um lado, de destruição das regras do jogo segundo as quais a economia se inclinava para as atividades agrário-exportadoras e, de outro, de criação das condições institucionais para a expansão das atividades ligadas ao mercado interno.

Assim, o intenso processo de urbanização e o processo de modernização do campo ganham espaço com o avanço da tecnologia; consequentemente, a modernização agrícola e a produção em larga escala expulsam uma parcela da população rural, acentuando o processo migratório do campo para a cidade (Oliveira, 2013).

Esse processo pode ser verificado conforme dados divulgados pelo Instituto Brasileiro de Geografia e Estatística (IBGE, 2010) do Censo 2010[ii]. Em 2000, da população brasileira, 81,25% (137.953.959 pessoas) viviam em situação urbana e 18,75% (31.845.211 pessoas) em situação rural. Entre os municípios, 56 deles tinham 100% de sua população vivendo em situação urbana e 523 com mais de 90% nessa situação. Por outro lado, 38 municípios tinham mais de 90% da população vivendo em situação rural e o único município do país a ter 100% de sua população em situação rural era Nova Ramada, no Estado do Rio Grande do Sul. Os dados do IBGE mostram que a população é mais urbanizada que há 10 anos: se em 2000, 81% dos brasileiros viviam em áreas urbanas, em 2010 já eram 84%. Ou seja, o aumento da população urbana se acelerou na segunda metade do século XX com a concentração da população em um espaço mais reduzido, produzindo grande competição pelos mesmos recursos naturais (solo e água), e destruindo parte da biodiversidade natural (Tucci, 2008).

O meio formado pelo ambiente natural e pela população (socioeconômico urbano) é como um ser vivo e dinâmico que gera um conjunto de efeitos interligados, o qual, sem controle, pode levar o caos à cidade. Pioli e Rossin (2006) defendem que os **ciclos econômicos** brasileiros produziram o desenho urbano atual: todo o processo de acumulação concentrou, em um espaço mais restrito, pessoas, atividade produtiva, infraestrutura e ação estatal. No contexto histórico, em todas as fases econômicas, houve produção de riqueza, mesmo diante de problemas estruturais da

ii. A Região Sudeste segue sendo a região mais populosa do Brasil, com 80.353.724 pessoas. Entre 2000 e 2010, perderam participação as Regiões Sudeste (de 42,8% para 42,1%), Nordeste (de 28,2% para 27,8%) e Sul (de 14,8% para 14,4%). Por outro lado, aumentaram seus percentuais de população brasileira as Regiões Norte (de 7,6% para 8,3%) e Centro-Oeste (de 6,9% para 7,4%).

economia brasileira, de difícil superação. Na visão de Lima (2011), os **modelos de política** e **planejamento urbano**, adotados pelas cidades nos anos de 1970 e início dos anos de 1980, foram marcados por uma maior presença do Estado na determinação da política urbana, sendo formulados e implementados durante o período do "milagre brasileiro". Essas práticas caracterizaram-se pelo autoritarismo do regime político em vigor e por uma forte crença na capacidade do Estado em financiar o desenvolvimento urbano nessa época.

Economicamente, a década de 1980 é conhecida como a *década perdida*, uma vez que o Brasil e a maioria dos países da América Latina viviam um período de estagnação que se formou com uma retração agressiva da produção industrial. Isso tudo como consequência da ampliação do processo de abertura da economia e do alinhamento do Brasil ao Consenso de Washington[iii]. Costuma-se dizer que os anos 1980 foram o enterro da expansão vivida nos anos 1970.

Nesse sentido, a contextualização do estudo do Instituto de Pesquisa Econômica Aplicada – Ipea (citado por Vieira et al., 2011, p. 57) afirma que os

anos 1980 foram marcados por crises e instabilidade econômica causada pela dívida externa, pelas elevadas

---

iii. Conjunto de trabalhos resultantes de reuniões de economistas do Fundo Monetário Internacional (FMI), do Banco Internacional para Reconstrução e Desenvolvimento (Bird) e do Tesouro dos Estados Unidos realizadas em Washington no início dos anos 1990. Dessas reuniões surgiram recomendações dos países desenvolvidos para que os demais países, especialmente aqueles em desenvolvimento, adotassem políticas de abertura de seus mercados e o "Estado mínimo", isto é, um Estado com um mínimo de atribuições (por meio da privatização das atividades produtivas) e, portanto, com um mínimo de despesas, como forma de solucionar os problemas relacionados com a crise fiscal, a saber: inflação intensa, déficits em conta corrente no balanço de pagamentos, crescimento econômico insuficiente e distorções na distribuição da renda funcional e regional (Sandroni, 2007).

taxas de inflação e por uma profunda crise do Estado, que contribuiu para a paralisação do investimento industrial e permitiu um maior grau de abertura da economia brasileira, estimulando de forma distinta a articulação das economias regionais, refletindo sobre a urbanização e o sistema de cidades no Brasil.

Contudo, o Brasil, na última década, apresentou avanços expressivos, principalmente em relação à política urbana, com a publicação do **Estatuto da Cidade** (Brasil, 2002), por meio da Lei n. 10.257, de 10 de julho de 2001 (Brasil, 2001), que traz instrumentos e diretrizes novos para a efetivação do planejamento urbano e da reforma urbana, do cumprimento da função social da propriedade e da garantia do direito à cidade.

O Ipea ainda explica que, com a criação do **Ministério das Cidades** (MCidades), em 2003, a estruturação das secretarias nacionais ligadas às políticas urbanas setoriais favoreceu o desenvolvimento de políticas nacionais de habitação, saneamento básico e mobilidade e transporte urbanos, incorporando o entendimento do que seria o "miolo" da infraestrutura urbana para fins de implementação dessas políticas.

4.2 A questão ambiental urbana e sua institucionalização

A partir da década de 1990, a preocupação com os problemas ambientais deixou de ser prioritariamente relacionada à Agenda

Verde[iv] e os problemas de ordem urbana também passaram a fazer parte da pauta e do debate das políticas públicas.

Silva e Travassos (2008) apontam que, nas últimas décadas, a produção do espaço urbano está relacionada a um acirramento dos problemas ambientais urbanos, e nota-se um pequeno aumento da consciência pública e um maior prestígio da dimensão ambiental subjacente às questões urbanas.

Para que os problemas de ordem urbana também passassem a fazer parte da pauta e do debate, houve um longo processo realizado pelo movimento ambientalista. Segundo Silva e Travassos (2008), novos parâmetros foram gradualmente introduzidos nas abordagens pertinentes ao meio ambiente.

Enquanto no Brasil, na década de 1970, conforme já destacamos, o momento político era o chamado *milagre econômico*, vivencia-se na mesma década o **novo ambientalismo**, que traz em seu bojo a relação entre meio ambiente e desenvolvimento[v]. Dessa forma, passam a constar parâmetros políticos, sociais e econômicos, que se referem a desigualdades existentes entre países pobres (com baixos indicadores econômicos), e ricos (com elevados indicadores econômicos), nas análises feitas ao meio ambiente.

Portanto, para reafirmar o exposto no parágrafo anterior, Silva e Travassos (2008, p. 29) nos mostram que:

iv. Segundo o Instituto Brasileiro do Meio Ambiente e dos Recursos Naturais Renováveis (Ibama, 2016, grifo do original), "Uma classificação adotada para os problemas ambientais é a divisão segundo "Agendas". Assim, definiu-se **Agenda Verde** aquela que se refere a assuntos como preservação de florestas e biodiversidade, **Agenda Azul**, aquela que se refere à gestão de recursos hídricos e **Agenda Marrom**, aquela que se refere às questões ambientais relacionadas à urbanização, à industrialização, ao crescimento econômico e ao desenvolvimento social, tais como a poluição do ar, da água e do solo, a coleta e reciclagem de lixo, o ordenamento urbano, a segurança química etc.

v. Para Silva e Travassos (2008), a noção de crescimento econômico está relacionada com os índices quantitativos que atribuem melhoras nos setores produtivos, enquanto que a *percepção* de desenvolvimento econômico está relacionada a índices que destacam melhorias na qualidade de vida, no meio ambiente, na distribuição de renda, entre outros.

4

A possibilidade de compreender as questões ambientais não mais de forma restrita, vislumbrando somente a conservação de recursos naturais ou os problemas da poluição, mas a partir de uma perspectiva social, econômica e política mais abrangente – em que se inclui o questionamento das formas de desenvolvimento prevalecentes nos países do Primeiro ou do Terceiro Mundo – possibilita o início do entendimento da face ambiental subjacente aos assentamentos urbanos.

Muitos foram os fóruns internacionais que deram impulso à problemática ambiental no Brasil, alguns levando em consideração não somente os aspectos ambientais, mas também sociais, uma vez que ambos não se dissociam. Com os fóruns internacionais promovidos pelas Organização das Nações Unidas (ONU) na década de 1990, tornou-se grande a visibilidade da problemática ambiental, mesmo tendo um início incipiente na década de 1970. Prova disso é que, no ano de 1992, a ONU realizou no Brasil a **Conferência das Nações Unidas para o Meio Ambiente e Desenvolvimento** (Cnumad), no Rio de Janeiro.

Da Conferência resultou a chamada *Agenda 21*, que apresentou um leque enorme de temáticas, fazendo clara distinção entre os problemas dos assentamentos humanos em países desenvolvidos e em países em desenvolvimento, concluindo que a imensa concentração populacional nos assentamentos urbanos dos países em desenvolvimento tem exercido forte pressão sobre o meio ambiente. De maneira semelhante, apontou a **pobreza** como uma das questões cruciais dos **problemas ambientais urbanos,** considerando a sua erradicação e a resolução do problema habitacional como requisitos indispensáveis para a promoção do desenvolvimento sustentável nas grandes cidades (Cnumad, 1992). Assim, a Agenda 21, com seus 40 capítulos, não se restringiu a questões exclusivamente ecológicas, mas incluiu desafios como a erradicação da pobreza, o fortalecimento global e irrestrito dos direitos humanos e a consolidação da paz entre os povos.

Mesmo não sendo consenso dos que se debruçam na temática ambiental urbana, no entendimento de Pugh (2000), citado por Silva e Travassos (2008), a Cnumad teve um fator positivo, uma vez que os problemas relacionados ao crescimento desordenado dos grandes centros urbanos, sobretudo nos países em desenvolvimento, assumiram a mesma importância que aqueles relacionados à perda de recursos naturais.

Outra conferência com a tônica na problemática ambiental urbana foi a **Agenda Habitat I**. A Assembleia Geral das Nações Unidas (AGNU) convocou a Conferência Habitat I, em Vancouver, em 1976, quando os governos começaram a reconhecer a necessidade de assentamentos humanos sustentáveis e as consequências da rápida urbanização, especialmente nos países em desenvolvimento. Naquela época, a urbanização e seus impactos não eram considerados pela comunidade internacional, mas o mundo estava começando a testemunhar a acelerada migração de pessoas para as cidades, bem como a maior longevidade da população urbana resultante dos avanços da medicina.

Assim, conforme apresenta o Programa Cidades Sustentáveis (2016),

> os compromissos de Vancouver foram confirmados 20 anos depois na conferência "HABITAT II" em Istambul. Líderes mundiais adotaram a "Agenda HABITAT II" como um Plano de Ação Global para Abrigos Adequados para Todos, com a noção de

assentamentos humanos sustentáveis, levando desenvolvimento em um mundo urbanizado.

Já a Habitat III[vi], em 2016, representa a terceira Conferência das Nações Unidas sobre moradia e desenvolvimento urbano sustentável. Quarenta anos depois,

há consenso de que as estruturas das cidades, formas e funcionalidades precisam ser transformadas na mesma medida em que a sociedade se transforma. O legado da cidade do século XX, em termos de padrões espaciais, é de que ela cresça além de suas fronteiras para cidades satélites ou dormitórios e subúrbios. As cidades têm se desenvolvido para além de suas áreas periurbanas, muitas vezes por conta de fatores tais como seu fraco planejamento urbano, pobre gerenciamento, crises de regulação fundiária e especulação imobiliária. Em 2010, o Programa das Nações Unidas para Assentamentos Urbanos (UN-HABITAT) reportou que mais de 827 milhões de pessoas estavam vivendo em condições semelhantes a favelas. (Programa Cidades Sustentáveis, 2016)

vi. O objetivo da conferência é projetar novos caminhos para responder aos desafios da urbanização e às oportunidades que isso oferece para a implementação de objetivos de desenvolvimento sustentável. A conferência é a única que traz diferentes atores urbanos tais como governos, autoridades locais, sociedade civil, setor privado, instituições acadêmicas e todos os grupos relevantes para revisar as políticas urbanas e de moradia que afetam o futuro das cidades dentro de uma arquitetura de governança internacional, focando na criação da "Nova Agenda Urbana" para o século XXI que reconheça as mudanças constantes na dinâmica da civilização humana.

Para muitos autores no Brasil, a soma das duas conferências citadas anteriormente contribuiu de forma propositiva no sentido de introduzir a dimensão ambiental nas políticas urbanas existentes ou a serem formuladas. A Agenda 21 brasileira foi adotada pelo governo federal como um dos seus programas no Plano Plurianual de 2004-2007. Ou seja, mesmo de forma incipiente, já mostra a preocupação do governo na elaboração de políticas públicas estruturais do país.

Além das conferências, devido a inúmeras reivindicações dos movimentos sociais de luta pela reforma urbana, foi criado no ano de 2003 o **Ministério das Cidades**. Para Silva e Travassos (2008), a criação desse ministério é emblemática no que diz respeito à inserção das questões ambientais nas pautas relacionadas ao meio urbano. Em cada uma das suas quatro secretarias[vii] estão alocados programas específicos, que têm como meta melhorar as condições de habitabilidade de assentamentos humanos precários.

Outra conferência que merece destaque é a **Conferência do Milênio**, promovida pela ONU no ano de 2000, pois dela originaram-se as 8 Metas de Desenvolvimento do Milênio. Na concepção de Silva e Travassos (2008), a meta 7 merece destaque. Ela é subdividida em três objetivos: o primeiro consiste em integrar os princípios do desenvolvimento sustentável às políticas e aos programas nacionais e reverter a perda de recursos ambientais; o segundo, em reduzir pela metade, até 2015, a proporção da população sem acesso permanente e sustentável à água potável segura; e terceiro, em alcançar, até 2020, uma melhora significativa na vida de pelo menos 100 milhões de habitantes de assentamentos precários.

Os documentos apresentados e formulados na década de 1970, comparados com os das décadas de 1990 e 2000, mostram

vii. Habitação, Saneamento Ambiental, Transporte e Mobilidade e Programas Urbanos.

maturidade e avanço expressivos quando a abordagem faz referência aos problemas ambientais urbanos. É possível percebermos, inclusive, uma dupla abordagem, uma vez que a questão ambiental foi incorporada pela agenda urbana e a questão urbana passou a fazer parte da agenda ambiental.

Jacobi (2000), citado por Silva e Travassos (2008), mostra que, de uma visão excessivamente genérica da associação entre meio ambiente e desenvolvimento, parte-se para uma compreensão mais profunda dos problemas atinentes aos contextos urbanos, com o potencial de interferir na formulação de políticas públicas orientadas à construção de cidades social e ambientalmente sustentáveis. Contudo, é preciso avançar muito mais em políticas públicas para solucionar os problemas – não apenas ambientais, mas também sociais – que atingem principalmente a população que está longe do chamado *núcleo central da cidade*.

4.3 Os problemas socioambientais urbanos

A literatura evidencia que, no final do século XX e início do século XXI, o processo de urbanização atingiu índice muito elevado, concluindo que a população do planeta na atualidade é majoritariamente urbana.

Mendonça (2004, p. 2) afirma que

> esta condição engendra uma série de novos e complexos problemas para a compreensão e gestão do espaço e da sociedade urbanos, sendo que aqueles de ordem socioambiental encontram-se destacados no

contexto das cidades, particularmente daquelas de países em condições socioeconômicas de alta complexidade, como é o caso do Brasil.

Por meio da bibliografia, podemos perceber que, nos últimos tempos, a perspectiva teórica e metodológica para o estudo da urbanização e da cidade tem sido vasta, porém a abordagem dos problemas socioambientais urbanos ainda necessita de propostas mais específicas para o tratamento desses problemas. Sendo assim, é salutar destacarmos que, devido à seriedade e à gravidade dos problemas existentes, é fundamental dispensar maior atenção aos estudiosos e gestores urbanos.

Mendonça (2004, p. 24) afirma que os espaços de aglomeração urbana sempre foram marcados por problemas derivados da interação entre a sociedade e a natureza, sendo que esses problemas são mais evidentes nas cidades do que nas áreas rurais. Por um considerável período, os problemas relacionados aos espaços citadinos e ao ambiente urbano foram tratados apenas na perspectiva de impactos ambientais urbanos.

Enquanto em alguns momentos, com relação às contribuições para a solução dos problemas que angustiam o homem no meio urbano, privilegiou-se um tratamento de cunho naturalista[viii], outros estudos e outros autores[ix], como Serres (1989) e Santos (1996), para melhor compreender os problemas ambientais urbanos, lançaram mão de concepções relativas a diferenças entre o ritmo dos processos da natureza e o ritmo ditado pela sociedade.

---

viii. Com destaque para estudos relativos ao verde urbano, à degradação hídrica, do ar e dos solos, às inundações e aos deslizamentos de terras etc.

ix. Outros teóricos preocuparam-se também com a problemática, entre eles: Dubois-Maury e Chaline (2002); Confalonieri (2003); Blaikie et al. (1994).

Serres (1989) e Santos (1996), citados por Mendonça (2004), argumentam que existe o tempo da natureza e o da sociedade: o da natureza é lento, já o da sociedade, particularmente em sua fase tecnológica presente, é rápido.

> Contudo a perspectiva evidencia considerável generalização, pois nem todo fenômeno natural se processa de forma lenta e nem toda dinâmica social se dá de forma rápida. Ritmos lentos e ritmos velozes são, sobretudo, condições relativas do estado momentâneo de cada fato ou fenômeno, assim lentidão e rapidez são observadas tanto na natureza quanto na sociedade, afinal os chamados eventos catastróficos da primeira (*natural hazards*), por exemplo (um terremoto, uma chuva torrencial concentrada, uma tempestade, etc.), desenvolve-se de forma muito rápida, ao mesmo tempo em que a parcela da sociedade desprovida de tecnologia (a maioria da humanidade) vive à mercê do tempo lento. Pode-se, todavia, adiantar que a parcela da população que vive no tempo lento é muito mais vulnerável aos impactos e riscos dos fenômenos ligados ao tempo rápido da natureza que aquela que compõe a classe alta da sociedade; ela, por sua vez e pelo seu poder econômico e tecnológico, vive a impressão de controlar o tempo e a natureza. (Mendonça, 2004, p. 2)

Portanto, a sociedade urbana passou a requerer uma abordagem mais complexa dos problemas ambientais, ao vivenciar problemas de extrema gravidade para a maioria da população, manifestados em diversos processos de exclusão e injustiça social.

Mendonça (2004) ainda explicita que, ao se encontrarem expostas a fenômenos naturais, tecnológicos ou sociais impactantes e de ordem eventual e/ou catastrófica, parcelas importantes da população passaram a vivenciar condições de risco ambiental. Assim sendo, essa condição se liga tanto às ciências da natureza quanto às ciências da sociedade. Ou seja, nessa abordagem, as condições de vida da população passaram a desempenhar importante papel na constituição e na compreensão dos problemas ambientais urbanos e revelaram, ao mesmo tempo, diferenciações claras entre a cidade formal e a cidade informal (Mendonça, 2004).

Dentro da perspectiva de Grazia e Queiroz (2001, p. 91), citados por Mendonça (2004, p. 141):

> Embora a cidade informal careça das condições necessárias à vida no cotidiano urbano, ela é acessível aos assentamentos de baixa renda que a ocupam e que desempenham um papel na estrutura econômica e social das cidades. Um agravante à qualidade de vida na cidade informal é a sua localização, frequentemente em áreas sujeitas a perigos naturais, como enchentes e deslizamentos, e a perigos tecnológicos, como contaminações e explosões, constituindo-se em risco para sua população.

Nesse sentido, Mendonça (2004) mostra em sua obra *Impactos socioambientais urbanos* que o termo *socioambiental* passou a ser empregado para evidenciar que alguns problemas ambientais têm forte conotação social e devem ser tratados levando-se em consideração tanto os elementos naturais quanto os sociais que os constituem. Deschamps (2004, p. 12) considera *vulnerabilidade socioambiental* como a coexistência ou sobreposição espacial de grupos muito pobres e com alta privação, ou seja, vulneráveis socialmente, em áreas de risco ou de degradação ambiental. Dessa forma, a vulnerabilidade socioambiental compreende a junção, dentro de um espaço, de populações socialmente vulneráveis ou sensíveis que ocasionam ou estão vinculadas a danos ao meio ambiente, que se apresentam em elevada escala ou em estado crítico.

Grazia e Queiroz (2001), como já descrito por Mendonça (2004), concebem o **espaço socioambiental** como "aquele onde vive e no qual articula indissoluvelmente sociedade e meio ambiente". Esses autores consideram que os gestores urbanos devem "buscar a sustentabilidade socioambiental, ou seja, que a evolução da cidade não implique crescente esgotamento dos recursos naturais e exclusão de parcelas sociais" (Grazia; Queiroz, 2001, p. 14).

Para esses autores, a condição de pobreza de uma determinada população está estreitamente vinculada à condição de formação de riscos e de vulnerabilidade socioambiental. Eles demostram que os pobres, em muitos momentos, são impelidos a criar uma cidade ilegal nas aberturas/fissuras da cidade legal, muitas vezes aproveitando-se de áreas públicas ociosas e/ou de preservação ambiental, pois são incapazes de competir no mercado formal da terra urbana, devido ao próprio comportamento especulativo do capital imobiliário. Os autores ainda teorizam que, enquanto a mídia facilita o crédito para o consumo de produtos eletrônicos modernos, a mesma ação não se aplica aos programas habitacionais para essa parcela da população. Assim,

> sem escolha os moradores constroem por seus próprios meios suas moradas, sem assistência técnica ou financiamento, já que a irregularidade fundiária implica, em geral, em fortes obstáculos ao acesso ao crédito e aos programas habitacionais oficiais.

As favelas, mocambos, alagados ou assentamentos clandestinos ou irregulares surgem, proliferam-se, adensam-se, constituindo a única alternativa habitacional para uma grande parte da população que enfrenta, nesse caso, a insegurança quanto à permanência e à precariedade das condições. (Grazia; Queiroz, 2001, p. 44)

Garcias e Sanches (2009, p. 98), citando Jacobi (2004), descrevem que a falta de políticas públicas compatíveis com o intenso processo de urbanização e a falta de uma legislação de uso do solo ampliaram a chamada *cidade ilegal*, que ocupa os espaços vazios da cidade, principalmente em área de menor valor. Muitas são as consequências acarretadas para o ambiente com o surgimento e o agravamento das vulnerabilidades socioambientais, que podem ser tanto ambientais quanto sociais. Quando nos referimos ao aspecto ambiental, as principais consequências notáveis são a degradação do ambiente natural como um todo e a poluição dos recursos hídricos. Já no aspecto social, vemos uma crescente exclusão e uma estratificação cada vez maior da população, em que a parcela mais carente fica submetida constantemente aos problemas evidentes pela falta de infraestrutura e, em muitas cidades brasileiras, pelo pouco investimento no planejamento urbano, ficam, de certa forma, à mercê do abandono e do descaso público.

Isso se deve ao fato de que os grandes centros urbanos estão se expandindo cada vez mais, ao mesmo tempo em que a demanda pelos recursos naturais também tem aumentado de forma significativa. Com a necessidade constante de novos espaços e a falta de infraestrutura e de políticas adequadas, surgem situações de vulnerabilidade social, em que muitas famílias sem condições econômicas para montar sua moradia em áreas providas de infraestrutura acabam ocupando, legalmente ou não, espaços urbanos periféricos, que não dispõem de condições para receber assentamentos humanos, sendo muitos destes localizados em áreas consideradas de risco. Faz sentido, então, afirmarmos que as cidades brasileiras se modelaram segundo a ocupação centro-periferia, refletindo um modo próprio de apropriação social, econômico e ambiental do espaço urbano, conforme nos apresenta Pioli e Rossin (2006).

Para Garcias e Sanches (2009), a constante atividade urbana, que ocasiona inúmeras alterações no meio, notadamente nos processos naturais, cada vez mais expõe as cidades a riscos e vulnerabilidades, tanto no âmbito social como ambiental. De fato, a interação entre homem e meio ambiente é muito complicada e gera inúmeras consequências, em sua grande maioria maléficas para ambos, devido à falta de interação e planejamento entre o meio natural e o antrópico.

Os autores ainda afirmam que, considerando os agravos pertinentes ao meio urbano, podem ser citados como principais os problemas ambientais (enchentes, proliferação de doenças etc.) e os problemas sociais (violência, mortalidade, entre outros malefícios). A capacidade de enfrentar riscos, bem como os mecanismos de defesa de dado grupo ou região, podem determinar uma classificação de quão vulnerável o grupo está.

Para Jacobi (2004), citado por Garcias e Sanches (2009), os grupos mais vulneráveis frequentemente vivem em habitações pobres e em áreas com escassos serviços urbanos. Tais áreas são ambientalmente vulneráveis, o que é agravado pelos processos de expansão urbana desordenada e pelas vulnerabilidades sociais, criando situações de vulnerabilidade socioambiental.

Confalonieri (2003, p. 200, citado por Mendonça, 2004, p. 142), defende que o conceito de vulnerabilidade social de uma população tem sido utilizado para a caracterização de grupos sociais que são mais afetados por estresse de natureza ambiental, inclusive aqueles ligados ao clima. Os principais conceitos da vulnerabilidade têm vindo da comunidade científica que estuda os efeitos e a prevenção de impactos dos chamados desastres naturais. Assim é que Blaikie et al. (1994) definiram vulnerabilidade como as "características de uma pessoa ou grupo em termos de sua capacidade de antecipar, lidar com, resistir e recuperar-se dos impactos de um desastre climático".

Mendonça (2004) finaliza que o enfoque da problemática socioambiental urbana com base na perspectiva de impactos, riscos, sistema ambiental urbano e vulnerabilidade socioambiental "coloca-se como uma instigante construção teórico-metodológica para os estudiosos e gestores da cidade do presente". Portanto, é fundamental que pesquisadores urbanos busquem um aprofundamento maior quanto à temática dos problemas socioambientais.

Inúmeros exemplos de realidades que espelham condições de impactos, riscos e vulnerabilidades socioambientais podem ser evocados em cidades de países não desenvolvidos. A lógica da urbanização no contexto de tais países é muito parecida no tocante à produção dos espaços urbanos ali presentes e, de forma particular, da miríade de problemas que lhes caracterizam. Assim, a constatação da degradação ambiental e da qualidade/condições de vida compõe um só mosaico, sobre o qual a aplicação da perspectiva da vulnerabilidade socioambiental pode em muito contribuir para realçar a gênese e a evolução dos problemas atinentes (Mendonça, 2004).

Será que toda a sociedade é beneficiada com o planejamento urbano? Será que todos têm o "direito à cidade"? É evidente em muitas metrópoles brasileiras a interação entre impactos ambientais e áreas de concentração da pobreza/sub-habitações, o que coloca em questão, em muitos momentos, a ausência do planejamento urbano, caracterizando assim condições de expressiva vulnerabilidade socioambiental.

As soluções ou os meios de minimizar os problemas socioambientais das cidades brasileiras na atualidade são muitos, mas o sucesso somente será pleno, segundo Mendonça (2004), com a criação e a aplicação de uma gestão urbana com participação social. Afinal, as cidades – espaço e modo de vida que fascinam a maior parte dos homens do presente – devem ser convertidas (todas elas) em ambientes de prazer e boas realizações para a maior parte da população (Mendonça, 2004).

4.4 O planejamento urbano e as consequências da urbanização

Conforme já destacamos neste capítulo, como apresenta o IBGE (2010), em pouco mais de 50 anos saímos de um país majoritariamente rural para um país urbano. Assim, o documento publicado pelo Programa Nacional de Capacitação das Cidades destaca que todas as transformações que ocorreram no Brasil, principalmente no perfil de urbanização do país, deixam claro, por meio de números, o processo de inchaço populacional das cidades. Esse inchaço não foi acompanhado por um incremento na infraestrutura disponível, comprometendo as condições de vida oferecidas à população. Termos como *favelização, cortiços, problemas urbanos, transporte de massa, caos urbano, planejamento urbano, planos urbanos, esvaziamento dos centros, diagnóstico dos problemas da cidade,* entre outros, passam a fazer parte do vocabulário dos que governam e estudam as cidades e dos que vivem nelas.

Para compreender a história do planejamento urbano do Brasil, é imperativo saber que o país passou por grandes transformações e mudanças que abarcam não só aspectos qualitativos e quantitativos das cidades. Também é preciso considerar o contexto político, econômico, legal e social do país.

Na concepção de Clark (1985), embora as cidades tenham surgido como centros de riqueza e prosperidade, elas também se caracterizam pela superlotação, altos níveis de morbidade e mortalidade, carências crônicas e pobreza. Assim, os geógrafos urbanos, procurando identificar e levar em conta as características espaciais de pequenas e grandes cidades, não podem mais se restringir à consideração dos processos subjacentes econômicos, sociais e ambientais – os efeitos do planejamento sobre os padrões e problemas urbanos também devem ser considerados.

Na teorização de Silva (2006, p. 89), *planejamento* "é um processo técnico instrumentado para transformar a realidade existente no sentido de objetivos previamente estabelecidos". Jordão Filho e Oliveira (2013, p. 54) esclarecem que o "planejamento urbano é um processo de criação e desenvolvimento de programas que buscam melhorar a qualidade de vida da população". O planejamento urbano lida ainda com os processos de produção, estruturação e apropriação do espaço urbano, desenvolvendo soluções que visam proporcionar aos habitantes uma melhoria na sua qualidade de vida.

De acordo com Santos (1986), o planejamento é um instrumento orientador do desenvolvimento urbano. Assim, para ser eficaz, um plano deve compreender três grandes etapas: a primeira refere-se ao estudo e à análise das condições concretas de determinada cidade; a segunda requer proposição de situações e metas desejáveis para o futuro; já a terceira requer acompanhamento da aplicação das diretrizes e ações recomendadas, verificação de resultados e elaboração de novas proposições.

Podemos afirmar que, tendo suas origens em estudos realizados por historiadores, economistas e políticos do século XIX, o urbanismo se desenvolveu com base em uma análise crítica e global da sociedade, enfocando a cidade como um elemento integrado no processo socioeconômico e político. O desenvolvimento do capitalismo industrial criou os chamados *problemas urbanos* e, com eles, a necessidade de buscar soluções nas propostas elaboradas nos países desenvolvidos (Jordão Filho; Oliveira, 2013, p. 4).

Por muitos anos, a cidade foi decifrada como a raiz dos males da sociedade. Contudo, Jordão Filho e Oliveira (2013) apresentam que outras linhas enxergavam a padronização do urbanismo em todo o mundo, sendo que essa padronização era regida pela estética e pela eficácia. O urbanismo busca, na verdade, uma lógica racional, arquitetônica, e a cidade é vista como agente de riqueza e eficácia.

Na concepção de Monte-Mór (2007, p. 72), o urbanismo no Brasil começou com o desenvolvimento do capitalismo industrial brasileiro, iniciado no período de substituição de importações e aguçado nas décadas de 1960 e 1970, quando se instituíram os "problemas urbanos" e a necessidade de buscar solução para eles.

As novas **políticas de planejamento urbano** são necessárias para conter o elevado aumento populacional e tentar solucionar os problemas advindos dele, pois o aumento populacional, congregado ao aumento da pobreza, provoca a degradação ambiental. Desse modo, é necessário buscar o balanceamento entre população, recursos naturais e poluição.

Na descrição de Jordão Filho e Oliveira (2013), o planejamento do espaço urbano até meados de 1964 era visto pelo governo federal como "artigo de luxo", sendo reservado somente aos grandes projetos políticos, nos quais o caráter sublime do empreendimento exigia desde um toque artístico até uma funcionalidade técnica compatível com a grandeza da obra. A partir de então, com a ruptura do pacto social populista, a ação do Estado modificou-se radicalmente, culminando na **institucionalização do planejamento**.

Duarte (2007), em sua obra *Planejamento urbano*, argumenta que, para o planejamento urbano, os desafios estão presentes em fenômenos que ocorrem em diferentes escalas socioeconômicas. Ele ainda explica que o planejamento urbano surgiu da necessidade de lidar com a acelerada urbanização, que causou, entre outros problemas, ocupação desordenada nos territórios urbanos, mesmo nas cidades que já tinham planos diretores. O **Plano Diretor** é concebido como um instrumento de planejamento que norteia a política de desenvolvimento e expansão urbana. Tem como objetivo construir cidades com qualidade urbana para todos, evitando a formação de assentamentos irregulares e informais, visando, sobretudo, à preservação da qualidade ambiental das cidades.

Atualmente, muitos dos planos diretores existentes no país ainda são considerados extremamente técnicos e pouco utilizados. Sobre isso, Maricato (2000, p. 124) enfatiza que,

> não é por falta de Planos Urbanísticos que as cidades brasileiras apresentam problemas graves [...], mas por que seu crescimento se faz ao largo dos planos aprovados nas Câmaras Municipais, que seguem interesses tradicionais da política local e grupos específicos ligados ao governo de plantão.

Como já dissemos no início desta seção, a população majoritariamente urbana e o rápido processo de urbanização trouxeram e trazem consigo problemas de diversas ordens devido ao crescimento desordenado das cidades. A falta de planejamento carrega em si dois principais tipos de problemas: de ordem social e de ordem ambiental. O inchaço populacional, provocado pelo acúmulo de pessoas e pela falta de uma infraestrutura adequada, gera transtornos para a população urbana, que acaba ocupando locais inadequados para moradia.

De acordo com Abreu (2010), as consequências da urbanização que podem ser citadas são: falta de moradia, desemprego, falta de transporte, violência e poluição do ar. O Quadro 4.1 apresenta as principais causas dessas consequências.

Quadro 4.1 – As principais causas e consequências da urbanização

Consequências da urbanização	Causas
Falta de moradia	Um dos principais problemas encontrados nas grandes cidades é a falta de moradia adequada que possa proporcionar conforto e segurança aos cidadãos, já que parte expressiva da população vive em cortiços e favelas, em áreas de mananciais ou de risco de deslizamento e de enchentes.
Desemprego	A informatização na produção e nos serviços tem diminuído a oferta de emprego. O desemprego tem atingido de forma mais intensa as cidades de grande porte. A cada dia, o mercado de trabalho exige mais de seus colaboradores, pois, devido à concorrência, tem mais oportunidades aquele que estiver mais preparado e qualificado.

(continua)

Consequências da urbanização	Causas
Falta de transporte	O transporte deficiente também merece atenção no cotidiano das grandes cidades. O trabalhador gasta muito tempo no deslocamento entre sua moradia e o local de trabalho. Além do alto custo, o transporte público não é de qualidade. Como seus usuários gastam horas no percurso de casa até o local de trabalho, acabam por chegar totalmente desgastados ao final do dia.
Violência	É um dos principais problemas enfrentados principalmente nas grandes cidades. Nas últimas décadas, a violência urbana cresceu, envolvendo principalmente a população mais jovem, seja como vítima, seja como responsável pelos delitos. Entre as principais causas do aumento da violência estão a falta de oportunidade de estudo e trabalho para os mais carentes, a desestruturação familiar e a organização de grupos ligados ao narcotráfico, que se desenvolvem onde a presença do Estado e de infraestrutura social é deficiente.
Poluição do ar	Uma das consequências da intensa industrialização é a poluição atmosférica, somada à grande concentração populacional nas metrópoles. As fontes causadoras da poluição são basicamente duas, as **estacionárias** (como as chaminés das fábricas) e as **móveis** (como os carros, ônibus e caminhões). Além de causar sérios problemas de saúde nas pessoas, a poluição também reduz a expectativa de vida.

Fonte: Elaborado com base em Abreu, 2010.

Posto isso, é fundamental perceber que existe uma demanda de ações governamentais nas cidades brasileiras que visem soluções técnicas e políticas para os problemas sociais, econômicos e ambientais. A própria Constituição Federal de 1988 (Brasil, 1988), em seu Capítulo II, art. 6º, traz os direitos sociais, como o direito à educação, à saúde, ao trabalho, à moradia, ao lazer, à segurança, à previdência social, à proteção à maternidade e à infância, entre outros. Todos são pressupostos básicos a serem exercidos pelos governantes políticos, pois é um direito do cidadão ter suas necessidades atendidas, assim como as de sua família e de seu grupo social. Porém, cada um desses direitos gera impactos no meio ambiente, pois é necessária uma infraestrutura para sua realização e bom funcionamento, bem como procedimentos adequados de gestão.

Assim, um dos maiores desafios da atualidade é a **sustentabilidade urbana**, que está associada ao desenvolvimento e às políticas públicas. Nesse sentido, o planejamento urbano é primordial. Na visão de Duarte (2007, p. 30), o planejamento urbano "é um processo que se divide em quatro fases/etapas: diagnóstico; prognóstico; proposta e gestão". O quadro a seguir apresenta de forma clara e objetiva as quatro etapas do processo do planejamento urbano.

Quadro 4.2 – Etapas do planejamento urbano

Diagnóstico	É a análise de uma situação, compondo um cenário da realidade existente.
Prognóstico	Esta etapa deve responder questões sobre a situação atual da cidade, sua história e suas tendências. Se nada for feito, como a cidade estará amanhã?

(continua)

Proposta	Parte do resultado de um processo de planejamento urbano e que transforma um futuro previsível em um futuro possível. Na proposta, entram aspectos de obras de infraestrutura, melhoria da qualidade de vida da população de um bairro etc.
Gestão	Cabe à gestão fazer com que o plano urbanístico se realize de modo eficaz e conforme o previsto.

Fonte: Duarte, 2007, p. 29-38.

Desenvolver modelos de sustentabilidade urbana capazes de alinhar o desenvolvimento dos espaços com os princípios da sustentabilidade é fundamental em um planeta onde a maior parte da população se concentra em áreas urbanas. Em outras palavras, as cidades são elementos-chave para o desenvolvimento sustentável global.

Moura et al. (2005), citado por Jordão Filho e Oliveira (2013), mostram que, sem um adequado planejamento de infraestrutura, o aparecimento de cidades pode refletir negativamente tanto na qualidade ambiental quanto na qualidade de vida dos moradores. Os fatores anteriormente destacados, quando aliados à concentração e à desigualdade de renda, entre outras consequências podem provocar distúrbios e inseguranças sociais, insuficiência na oferta de infraestrutura e serviços urbanos adequados, como também a degradação ambiental.

Jordão Filho e Oliveira (2013, p. 10) se baseiam em Jesus e Souza (2007) para explicitar que "no planejamento do desenvolvimento sustentável é necessário considerar, simultaneamente, as cinco dimensões da sustentabilidade: social, econômica, ecológica, espacial e cultural", conforme mostra o Quadro 4.3.

Quadro 4.3 – Dimensões da sustentabilidade

Sustentabilidade social	Tem como finalidade a melhoria das condições de vida da população. Busca a equidade dos direitos e a redução das diferenças entre os padrões de vida dos ricos e dos pobres.
Sustentabilidade econômica	Por meio da alocação e gerenciamento eficiente dos recursos, deve ser mais avaliada sob critérios macrossociais, ao invés do microempresarial, além dos fluxos contínuos de investimentos públicos e privados.
Sustentabilidade ecológica	Pode ser melhorada por meio de medidas de intensificação de pesquisas com vistas à adoção de tecnologias limpas, de modo a otimizar a utilização dos recursos em favor do desenvolvimento urbano, rural e industrial, como também por meio de medidas que estabeleçam regras para uma adequada proteção ambiental.
Sustentabilidade espacial	Tem por finalidade o equilíbrio da configuração rural-urbana, como também uma melhor distribuição do território, no tocante à economia e aos assentamentos humanos.
Sustentabilidade cultural	Tem por objetivo a busca de concepções endógenas de desenvolvimento, entendendo ecodesenvolvimento como conjunto de soluções que considera as peculiaridades locais, culturais e ecossistêmicas.

Fonte: Sachs, 1993, citado por Jesus; Sousa, 2007, p. 3.

Jordão Filho e Oliveira (2013, p. 10) afirmam:

O desenvolvimento econômico sustentável demanda uma gestão ambiental planejada que possa orientar, de forma adequada, a ocupação territorial por parte das atividades produtivas, bem como a utilização dos recursos naturais de forma responsável. A conscientização é uma ferramenta indispensável, capaz de transformar o indivíduo em relação à importância da sustentabilidade, pois um indivíduo consciente surge de um processo gradual e contínuo de educação em todos os campos em que atua. O alcance da sustentabilidade é um processo que depende da consciência ecológica da sociedade, bem como dos governos nas suas representações municipal, estadual e federal.

Para alcançar as cinco dimensões da sustentabilidade no Brasil, é preciso implantar políticas urbanas e fazer o ordenamento e o planejamento do espaço urbano. Instrumentos indispensáveis como leis urbanísticas e ambientais nas esferas municipal, estadual e federal foram elaboradas e sancionadas, entre elas a Constituição Federal de 1988, o Estatuto da Cidade no ano de 2001, a Lei de Parcelamento do Solo de 1979 (alterada no ano de 1999) e o Código Florestal Brasileiro de 1965, com alterações na Lei n. 12.651, de 25 de maio de 2012 (Brasil, 2012).

O Estatuto da Cidade (Carvalho; Rossbach, 2010) ficou responsável por definir o que significa cumprir a função social da cidade e da propriedade urbana. Portanto, o Estatuto veio contribuir para um planejamento mais justo e equitativo, incorporando uma parcela excluída da sociedade na Administração Pública por meio de **gestão democrática**.

As leis urbanísticas e ambientais nas esferas municipal, estadual e federal que há em nosso país são de ampla relevância para a implantação e a implementação da política urbana. Todas essas leis trazem instrumentos e diretrizes que convergem para a real efetivação do planejamento urbano, buscando as tão sonhadas qualidade e justiça social por meio da gestão democrática, a garantia da função social da propriedade urbana e a preservação do meio ambiente equilibrado. O objetivo maior é pensar em políticas a longo prazo, ordenando o espaço urbano para a população urbana no intuito de buscar soluções significativas aos problemas socioambientais.

Síntese

Neste capítulo, vimos como o espaço urbano brasileiro ao longo das décadas recebeu uma grande parcela da população, sofrendo transformações em grande parte e impactando tanto o ambiente como os segmentos da população menos favorecidos.

Concluímos que a ausência de planejamento urbano ocasiona problemas de ordem social e ambiental e, portanto, torna-se fundamental a busca pela sustentabilidade urbana. Assim, com a urbanização e a globalização no século XX, buscam-se alternativas para equacionar os problemas socioambientais urbanos a tarefas desafiadoras para a esfera pública. Para tanto, o planejamento urbano é uma ferramenta indispensável.

Algumas das conferências mundiais contribuíram para o amadurecimento na busca de respostas e no apontamento de alternativas para o caso brasileiro. No Brasil, com a promulgação do Estatuto da Cidade e a criação do Ministério das Cidades, a política urbana teve inúmeros ganhos na última década, trazendo instrumentos urbanos que visam garantir a chamada *função social* da propriedade urbana e o equilíbrio ambiental urbano, bem como a efetivação de uma política mais justa e equitativa. Sendo assim, a integração entre governo e sociedade é salutar para que, juntos, pensem em ações democráticas inteligentes que podem e devem resultar em melhor qualidade de vida para as populações urbanas.

Indicações culturais

Livro

CARLOS, A. F. A. **A cidade**. São Paulo: Contexto, 1992.

Nesse livro, a autora aborda questões sobre a cidade e os problemas que permeiam a sociedade urbana numa perspectiva geográfica. Destaca também as transformações do espaço urbano no século XX com o processo de industrialização mundial.

Sites

BRASIL. Ministério das Cidades. Disponível em: <http://www.cidades.gov.br/>. Acesso em: 14 fev. 2016.

BRASIL. Ministério do Meio Ambiente. Disponível em: <http://www.mma.gov.br>. Acesso em: 14 fev. 2016.

Sites importantes para aprofundar e ampliar o seu conhecimento sobre política urbana, a legislação de seu município e de seu estado (Código de Obras, Lei Orgânica), bem como as leis ambientais específicas e suas resoluções.

Atividades de autoavaliação

1. Os arts. 182 e 183 da Constituição Federal estabelecem parâmetros para a política urbana, os quais estão regulamentados na Lei n. 10.257, de 10 de julho de 2001, o Estatuto da Cidade. De acordo com essa lei, avalie se cada um dos itens a seguir constitui uma diretriz para a elaboração da política urbana e, depois, marque a alternativa que corresponde à resposta correta:

   I. Planejamento do desenvolvimento das cidades.

   II. Regularização fundiária e urbanização de áreas ocupadas por população de baixa renda.

III. Desapropriação de solo, constituição de zonas de interesse social.

IV. Instituição do imposto territorial progressivo para terrenos subutilizados nas zonas urbanas centrais da cidade.

V. Integração e complementaridade entre as atividades urbanas e rurais, tendo em vista o desenvolvimento socioeconômico do município e do território sob sua área de influência.

a) I, II e III.

b) I, II e V.

c) I, III e IV.

d) III, IV e V.

2. Sobre a questão ambiental urbana e sua institucionalização, leia com atenção as afirmativas apresentadas a seguir e assinale V para as verdadeiras e F para as falsas. Depois, marque a alternativa que contém a correta:

( ) No Brasil, na década de 1970, o momento político era o chamado *milagre econômico*, e, na mesma década, surgiu o chamado *novo ambientalismo*.

( ) No ano de 1992, a Organização das Nações Unidas (ONU) realizou no Brasil a Conferência das Nações Unidas para o Meio Ambiente e Desenvolvimento (Cnumad), no Rio de Janeiro.

( ) Na Conferência do Milênio, promovida pela ONU no ano de 2000, originaram-se oito metas de desenvolvimento do milênio, sendo que a meta 7 requer uma atenção maior.

( ) A Agenda 21, com seus 20 capítulos, apresenta questões exclusivamente ecológicas, sem a preocupação com a tônica da pobreza e dos direitos humanos e o fortalecimento do papel do comércio e da indústria.

a) V, F, V, F.

b) V, F, F, F.

c) V, V, V, F.

d) F, F, V ,V.

3. "Ficou encarregado de definir o que significa cumprir a função social da cidade e da propriedade urbana. Portanto, veio contribuir para um planejamento mais justo e igual, incorporando uma parcela excluída da sociedade na administração pública, por meio de gestão democrática". Assinale a alternativa que faz referência à situação apresentada:

a) A Constituição Federal de 1988.

b) O Estatuto da Cidade no ano de 2000.

c) A Lei de Parcelamento do Solo de 1979 (alterada no ano de 1999).

d) O Código Florestal Brasileiro de 1965, com alterações na Lei n. 12.651/2012.

4. Leia as afirmativas apresentadas referentes aos problemas socioambientais urbanos e assinale com V as verdadeiras e com F as falsas. Depois, marque a alternativa que contém a sequência correta:

( ) Os espaços de aglomeração urbana na década de 1990 no Brasil foram marcados por problemas de ordem ambiental, não havendo diferenças entre as áreas urbanas e as áreas rurais.

( ) O termo *socioambiental* passou a ser empregado para evidenciar que alguns problemas ambientais têm forte conotação social e devem ser tratados levando-se em consideração tanto os elementos naturais quanto os sociais que os constituem.

( ) No final do século XVIII e início do século XIX, o processo de urbanização atingiu um índice muito elevado, tornando a população do planeta majoritariamente urbana e ocasionando problemas de diversas ordens, sobretudo de ordem ambiental.

( ) As ideias para solucionar ou minimizar os problemas socioambientais das cidades brasileiras na atualidade são muitas, mas o sucesso somente será pleno se houver o fim da pobreza urbana.

a) V, F, V, F.

b) V, F, F, F.

c) V, V, V, F.

d) F, V, F, F.

5. "É o conjunto de ferramentas que possibilita perceber a realidade, a fim de avaliar os caminhos para a construção de programas que visam aprimorar os aspectos de qualidade de vida atual e futura da população. No Brasil, conforme alguns teóricos, tal conjunto sempre foi pouco aplicado". Assinale a alternativa que faz referência ao conceito apresentado:

a) Agenda 21.

b) Vulnerabilidade socioambiental.

c) Planejamento ambiental.

d) Planejamento urbano.

Questões para reflexão

1. Os desafios da mobilidade urbana na atualidade associam-se, sobretudo, à necessidade de desenvolvimento urbano sustentável. A ONU define esse desenvolvimento como aquele que assegura qualidade de vida, incluídos os componentes ecológicos, culturais, políticos, institucionais, sociais e econômicos que não comprometam a qualidade de vida das futuras gerações. Escreva duas ações de intervenção que contribuam para a consolidação de políticas públicas de incremento ao uso de bicicletas, por exemplo, procurando assegurar o desenvolvimento sustentável no seu município.

2. (Adaptado de Unicamp – 2014) Segundo dados da ONU, em 2011, 51% da população mundial (3,6 bilhões) passou a viver em áreas urbanas, em contraste com pouco mais de um terço registrado em 1972. Essa mudança tem implicado grandes metamorfoses do espaço habitado, levando à formação de megacidades (aglomerados urbanos com mais de 10 milhões de habitantes) em todos os continentes.

   a) Com base no capítulo e nos dados acima, indique fatores que impulsionaram o aumento da população urbana em seu município.

   b) Aponte ao menos três problemas relacionados à dinâmica do espaço urbano e ao aumento da população no seu município e as possíveis soluções.

Atividade aplicada: prática

Com base nos dados do Censo do IBGE de 2010, selecione o seu município e analise os dados de aumento ou diminuição da população. Busque entender quais foram os fatores responsáveis por essas mudanças e quais os problemas ambientais ocorridos em função delas.

IBGE – Instituto Brasileiro de Geografia e Estatística. Disponível em: <http://www.censo2010.ibge.gov.br/apps/areaponderacao/index.html>. Acesso em: 14 fev. 2016

5

Da indus-
trialização
aos novos
desafios
urbanos

A cidade nasce da necessidade do ser humano de melhorar a sua forma de viver, se organizar, se comunicar, produzir, trocar, comercializar e se relacionar em sociedade, seja em torno de um mercado, seja em um templo religioso, seja nas proximidades de uma fortaleza. A cidade se constitui de forma intrigante e desordenada, em meio a conflitos e contradições, com determinadas funções definidas, apresentando muitos desafios para aqueles que nela vivem e trabalham. Muitos desses desafios são decorrentes da forma como a cidade é pensada e planejada por seus planejadores ou elaboradores de políticas públicas e como é conduzida pelos seus gestores.

Na primeira parte deste capítulo, discutiremos a formação da cidade dentro de um modelo de industrialização e a cidade do século XXI baseada nos preceitos neoliberais. Na segunda parte, apresentaremos o Estatuto da Cidade, os fundamentos para os novos ou revisados planos diretores municipais e os diversos instrumentos utilizados para reduzir os impactos dos problemas da urbanização sobre a sociedade. Na última parte, chamaremos a atenção para as formas de participação da sociedade na destinação e na fiscalização dos recursos públicos, como o Orçamento Participativo.

5.1 A cidade do século XXI: desafios em escalas mais abrangentes

A cidade do século XXI necessita ser pensada, repensada e compreendida diante de um modelo econômico de produção capitalista que ultrapassa as fronteiras dos países e se estabelece em âmbito mundial. Essas escalas mais abrangentes da vida econômica, social e política da cidade ampliaram os desafios concernentes ao estabelecimento de metas para melhorias de uma determinada realidade urbana, baseada em um modelo excludente, que favorece o enriquecimento da classe dominante. Essa classe dominante se impõe política e ideologicamente sobre os demais valores, favorecendo a ocupação dos espaços por ações engendradas pelas grandes corporações supranacionais ou por conglomerados econômicos que influenciam a tomada de decisões e de ações do Poder Público, as instituições e demais organizações que passam "a se estabelecer nas mesmas escalas, seja para apoiar a ação econômica, seja para criticá-la ou tentar resistir a ela" (Sposito, 2011, p. 125).

Esse modelo de cidade, estabelecido sobre **parâmetros neoliberais**, contribui para a acentuação das desigualdades sociais, ao mesmo tempo em que alimenta a ideia de que, sob esse novo prisma, as cidades se tornarão menos desiguais e serão mais democráticas. Baseados em um modelo de gestão e planejamento, que se sustenta no discurso que considera as diferenças socioeconômicas existentes em países como o Brasil, esses parâmetros atendem a interesses definidos em escalas maiores que a regional ou a nacional. São estratégias, na maioria das vezes, definidas em âmbito internacional, que conseguem se sobrepor a leis, normas e regras estabelecidas nacional ou localmente, alterando substancialmente as cidades. Um exemplo é dado por Firkowski (2002), ao descrever as mudanças ocorridas na inserção da cidade de Curitiba (Paraná) na nova lógica de localização industrial, com a vinda de três grandes montadoras para sua região metropolitana. Considerando-se as dificuldades presentes nas grandes cidades, qualquer plano ou planejamento deve ser revertido em ações que contribuam de certa maneira para melhorar as cidades, tão cheias de conflitos e tensões que se acentuam quando se trata de locais que dependem de escalas de decisões em âmbito cada vez maiores.

Nesse sentido, Davis (2006) aponta para o problema da segregação espacial causado pela ocupação desordenada das cidades por grandes grupos de pessoas que migram para os centros urbanos em busca de trabalho, moradia e melhores condições de vida. A cidade, que se expande por um tecido vasto de urbanidade, transforma-se em uma paisagem assombrosa, com seus morros e encostas, fundos de vales e beiras de rios ocupados por casebres, muitos deles de latas ou papelão. São assentamentos humanos irregulares que retratam o contraste de um mar de miséria envolto em uma ilha de prosperidade, demonstrando o quanto desiguais e segregadas são as cidades. "A maioria dos pobres urbanos do mundo não mora mais em bairros pobres no centro da cidade. Desde 1970, o maior quinhão do crescimento populacional urbano mundial foi absorvido pelas comunidades faveladas da periferia das cidades do Terceiro Mundo" (Davis, 2006, p. 46).

5.2 O processo de industrialização e urbanização brasileiro

De acordo com Santos (2013), o processo de formação das cidades brasileiras se deu pela ocupação espacial do litoral, enquanto no interior do país se estabeleciam pequenas vilas de mineração, de produção agrícola e de pecuária. Somente a partir do século XVIII, com o desenvolvimento do comércio e da atividade manufatureira e artesanal, é que a cidade passou a ser moradia do fazendeiro e do produtor de açúcar, álcool e café, que visitavam suas propriedades no interior apenas nos períodos de safra, colheita ou de moagem da cana. Esse modelo de cidade tinha pouca relação com outros lugares e outras cidades. Em um país de tão vasta extensão territorial, as cidades estavam isoladas entre si. Somente no final do século XIX é que as cidades brasileiras passaram a ser geridas e a ter requintes de urbanização impulsionados pela abolição da escravatura, pela demanda de mão de obra de trabalhadores para o incipiente processo industrial brasileiro, pela Proclamação da República e pelo poder político e econômico centralizado nas mãos dos grandes fazendeiros e proprietários de terra. Nesse período, o grau de urbanidade era tão pequeno no Brasil que, em 1890, apenas Rio de Janeiro, Salvador e Recife tinham mais de 100 mil habitantes. Foi necessário mais um século para que as cidades brasileiras chegassem a atingir um grau de urbanização próximo aos existentes na atualidade.

> Em 1900, havia quatro cidades com mais de 100.000 vizinhos e uma beirava essa cifra. Rio de Janeiro: 691.565; São Paulo: 239.820; Salvador: 205.813; Recife: 113.106 e Belém: 96.560. Com mais de 50 mil residentes, ou perto disso, estavam cinco capitais: Porto Alegre: 73.674; Niterói: 53.433; Manaus: 50.300; Curitiba: 49.755 e Fortaleza: 48.369. (Santos, 2013, p. 23)

No início do século XX, diversas transformações urbanas foram realizadas nas cidades brasileiras, dentro de um modelo de urbanização marcado pelo modismo europeu de higienização e embelezamento, alargamento de ruas e segregação territorial. Essas transformações culminaram em obras de saneamento básico, que tinham como objetivo combater epidemias, mas que também foram pretexto para excluir o acesso à moradia às populações mais pobres, que foram obrigadas a deixar o centro da cidade para ocupar encostas de morros, várzeas ou áreas de fragilidade ambiental. Conforme Maricato (2013), esse processo ocorreu principalmente nas cidades de Manaus, Belém, Porto Alegre, Curitiba, Santos, Recife, São Paulo e, mais intensamente, no Rio de Janeiro.

Gráfico 5.1 – Brasil, taxa de crescimento anual da população total, urbana e rural (%). Anos de 1940-2010

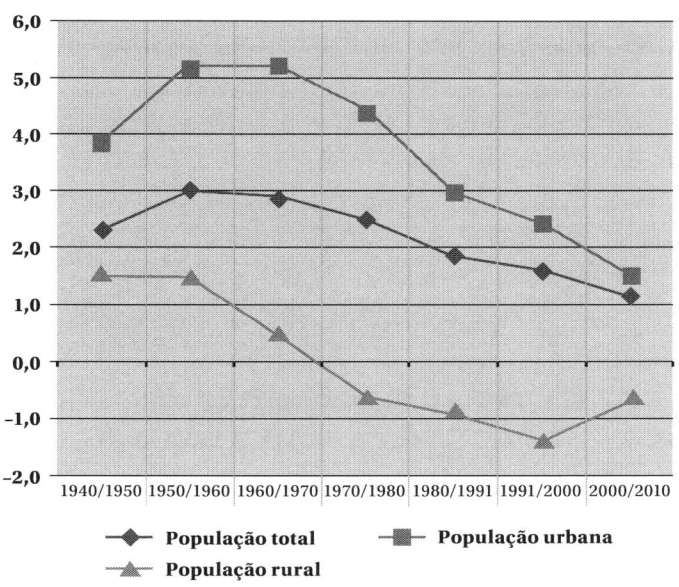

Fonte: Elaborado com base em Brito; Pinho, 2012.

Com a crise do capitalismo liberal das décadas de 1920 e 1930, o modelo econômico e político passou a ter uma forte presença estatal, que, sob uma base teórica keynesiana[i], determinou o mo-

---

i. Referente à teoria apresentada por John Maynard Keynes (1883-1946). Essa teoria fundada na definição de políticas macroeconômicas controladas pelo Estado, objetivava atingir elevado nível de emprego, consumo e renda em detrimento das teorias voltadas para o liberalismo econômico.

delo de desenvolvimento nos países, o que impactou diretamente as cidades. No caso brasileiro, esse modelo possibilitou o crescimento da burguesia nacional por meio de uma política nacional de ampliação do mercado interno, investimento na indústria de base[ii], diversificação da economia e ampliação da produção e industrialização nacional, gerando o crescimento do poder assalariado e acentuando as diferenças entre ricos e pobres.

O crescimento da indústria e da economia nacional tomou nova forma após a Segunda Guerra Mundial, principalmente a partir de 1950, quando a economia passou a ter o ingresso de grande capital internacional e a incentivar a produção de bens de consumo duráveis, como eletrodomésticos e automóveis, e bens de produção, como máquinas e equipamentos. Houve a massificação do consumo com a introdução de produtos até antes inacessíveis à população brasileira e a veiculação de propaganda e *marketing* da forma capitalista de viver do norte-americano, do europeu ou do japonês, que alteraram substancialmente os valores, o comportamento e a cultura do consumidor brasileiro.

De acordo com Singer (1973), durante o governo Getúlio Vargas (1930-1945), muitas medidas adotadas aumentaram as distâncias entre as grandes cidades e o campo, entre elas a intensa política de industrialização, que reduziu a interferência de grandes fazendeiros sobre a política econômica brasileira. A legislação trabalhista que beneficiava os trabalhadores urbanos proporcionou-lhes ganhos maiores e um padrão de vida mais alto, principalmente para os que viviam nas grandes cidades, mas dificilmente era aplicável

---

ii. Durante o governo de Getúlio Vargas, as indústrias consideradas de base, que operavam a extração de minérios e eram responsáveis pela transformação de matéria-prima e seu envio para outros setores industriais, assim como as indústrias de produção de petróleo e de energia elétrica, foram incentivadas como forma de estimular o setor produtivo no país.

no campo no Brasil daquele período. No campo, os senhores do sertão, com capangas armados – que foram, em parte, dizimados durante o governo Vargas –, retinham a mobilidade da mão de obra por meio de parcerias, de famílias agregadas de colonos em regime de escravidão ou por dívida. É importante ressaltar que, ainda hoje, em pleno século XXI, quase que diariamente são denunciadas fazendas no interior do Brasil que mantêm trabalhadores em regime de escravidão ou semiescravidão.

A intensificação de uma melhoria no setor ferroviário e a construção de uma rede de rodovias que passaram a interligar as principais regiões do país foram fatores essenciais para o aumento da migração da mão de obra rural para os grandes centros urbanos. Essa migração marcou o desenvolvimento capitalista brasileiro, que pôde contar com um **exército industrial de reserva**[iii], com mão de obra pouco qualificada, mas sujeita a todo tipo de trabalho que superasse as condições de subsistência vivenciada no campo. O aumento da população urbana proporcionou também a ampliação da demanda por alimentos e produtos industrializados. Essa demanda contribuiu para o fortalecimento da concentração espacial das indústrias, das empresas de serviços e do mercado, "possibilitando assim maior concentração empresarial do capital e, na medida em que esta se dá, as vantagens da concentração se ampliam" (Singer, 1973, p. 124).

---

iii. *Exército industrial de reserva* ou *população relativa* foram expressões utilizadas por Karl Marx para designar o excesso de mão de obra de trabalhadores na cidade, que poderiam ser utilizados pelos capitalistas para forçarem a redução dos salários e aumentarem a sua margem de lucratividade. Ao contrário dos economistas que o antecederam, Marx afirmava que o desemprego era um fenômeno inerente à produção capitalista. (Marx, 1996).

De acordo com Santos (1996), o modelo de substituição de exportações[iv] adotado pelo Brasil, principalmente a partir da década de 1950, provocou alterações no setor industrial de exportação e reexportação e modificou o papel do Estado, que passou a ter como função também a alocação de recursos públicos para instalações, importações e subsídios às exportações de grandes corporações. Dessa forma, as grandes corporações estrangeiras, com a importação de bens de produção, acabaram por consumir grande parte das divisas do país, assim como também eram responsáveis pelo aumento do endividamento externo brasileiro. Nas cidades onde se instalam, a dinâmica urbana e sua organização espacial podem ser estabelecidas conforme os interesses de tais indústrias e corporações, muitas vezes em detrimento dos interesses e das necessidades da população que nelas vive.

A partir das modificações no modelo de produção do país, a produção industrial e o setor agroexportador se tornaram processos dominantes na segunda metade do século XIX, com a produção de alimentos, bebidas e têxteis. O processo de produção industrial brasileiro se configurou com o incremento da indústria pesada, produtora de máquinas e equipamentos necessários à produção de outros bens e de matérias-primas básicas, entre as décadas de 1950 e 1960. Esse processo teve seu auge com fortes investimentos internos na década de 1970. O modelo de produção brasileiro contribuiu para a transformação do espaço urbano, que trouxe em seu bojo a ampliação da rede de serviços de transporte,

---

iv. O modelo de substituição de exportações foi estabelecido pelos economistas latino-americanos da Comunicação Econômica para a América Latina e o Caribe (Cepal), para designar um modelo de desenvolvimento baseado na alteração e na dinamização do setor produtivo, assim como a importação de bens de produção, além da produção e da exportação de tais bens, objetivando o fortalecimento da economia interna, o que, a partir da década de 1950, acabou sendo um fator decisivo para o fortalecimento do desenvolvimento industrial brasileiro.

o aumento de instituições de serviços públicos, de saúde, de comércio, financeiros, entre outros.

Singer (2000) afirma que na economia urbana latino-americana o processo de industrialização é marcado por uma **relação de troca desigual**, pois, enquanto os países desse continente exportam produtos primários de baixo valor agregado, eles importam dos países considerados desenvolvidos produtos manufaturados de alta tecnologia e elevado valor agregado e capital, tornando-se sujeitos a certo grau de dominação de sua economia pelos países capitalistas desenvolvidos. Segundo esse autor, a partir da década de 1960, houve uma liberalização da internacionalização do comércio exterior, possibilitando aos países em desenvolvimento a exportação de alguns produtos industrializados. "O Brasil, graças em parte ao seu extenso mercado interno, foi um dos países que, sem ter atingido ainda um elevado grau de industrialização, tornou-se exportador de numerosos produtos industrializados" (Singer, 2000, p. 157). Esse processo de industrialização fortaleceu a cidade brasileira como sede do capitalismo industrial, refletindo no aumento da destinação de recursos e de investimentos em detrimento do esvaziamento de fluxos de investimentos e recursos no campo.

As transformações ocorridas dentro de um processo industrial colocaram na ordem do dia de muitos brasileiros produtos modernos, como eletrodomésticos e eletroeletrônicos e automóveis, programados para ser de pouca durabilidade ou se tornarem obsoletos em muito pouco tempo e rapidamente serem substituídos por outros. Esses produtos mudaram a forma de vida urbana e estão presentes na maioria das moradias do país, estejam elas nos bairros de maior padrão de moradia, estejam nos bairros em que o padrão de modernidade ainda não chegou, quando se leva em consideração redes de esgotos, melhorias viárias, mobilidade urbana, construções de moradia e demais níveis de infraestrutura.

5.3 A migração campo--cidade: impactos sobre a modificação do território

De acordo com Santos (1994a), com o modelo agroexportador se estabeleceu um modelo de incremento das culturas agrícolas modernas que teve impacto sobre as mudanças na utilização da mão de obra no campo e, como consequência, a ocorrência de um processo migratório que introduziu a necessidade de modificações na forma de regulação do território. Essa forma de regulação e controle da oferta e da demanda por trabalho, relacionada ao processo de produção, distribuição e consumo, amplia a demanda por maior urbanização, haja vista a evolução da população urbana do Brasil conforme apontam os dados do Instituto Brasileiro de Geografia e Estatística (IBGE), mostrados no quadro a seguir.

Tabela 5.1 – Porcentagem da população urbana no Brasil

Ano	% População urbana	% População rural
1900	9,40	90,60
1920	10,70	89,30
1930	20,60	79,40
1940	31,24	68,76
1950	36,21	63,79
1960	44,93	55,07
1970	55,92	44,08
1980	67,59	32,41
1990	75,59	24,41
2000	81,23	18,77
2010	84,40	15,60

Fonte: Elaborado com base em IBGE, 2010.

O modelo de urbanização em larga escala, comentado por Singer (1973) e Santos (1996), provocou uma ordem social fragmentada, estabelecida em determinado momento de nossa história pelo modelo fordista de aliança entre sindicatos e empresas e coordenada pelo modelo econômico keynesiano[v] de intervenção estatal. Este último foi substituído pelo modelo econômico schumpeteriano[vi], de abertura ao setor privado, de velocidade e de incertezas ditadas pelo mercado, e ampliado por uma reestruturação em esfera global sob a dinâmica financeira das formas de gestão e realização da riqueza, repercutindo sobremaneira nas aglomerações urbanas.

Essa economia de velocidade e de incertezas, associada a uma demanda cada vez menos previsível, destrói e recria permanentemente o território social, favorecendo setores da sociedade com maior capacidade de mobilidade e adaptação. Dessa forma, alguns grupos sociais têm maior poder de pressão, não só econômico-financeira, mas também política, na distribuição dos recursos existentes no espaço urbano, o que de certa forma acarreta maiores problemas para aqueles que administram os escassos recursos obtidos por meio de uma política fiscal que tenha como objetivo melhorar as condições daqueles que vivem e trabalham na cidade. As dificuldades são ampliadas quando o administrador público não tem o acompanhamento da população e busca implementar

v. Referente ao modelo apresentado por John Maynard Keynes (1883-1946) em sua obra *Teoria geral do emprego, do juro e da moeda* (1936), questionando a validade do modelo econômico clássico e marginalista de mão invisível e da autorregulação do mercado e de não intervenção do Estado. Para Keynes, o problema do desemprego e muitos dos problemas econômicos da década de 1930 se resolveriam com a intervenção estatal por meio do incremento de investimento público e redução da taxa de juros, desestimulando o entesouramento em proveito do investimento na produção. Veja mais em Keynes (1986).

vi. Referente ao modelo proposto por Joseph Alois Schumpeter (1883-1850). De acordo com esse modelo, as crises econômicas, como as da Grande Depressão (1929-1936), ocorreriam em decorrência de ciclos econômicos, que seriam superadas por um novo ciclo com a implantação de inovações tecnológicas introduzidas por empresários empreendedores. Ver mais em Schumpeter (1986).

mudanças cujo orçamento público, insuficiente para atender a toda demanda urbana, impõe pesadas taxas tributárias à população, que em sua maioria não usufrui da aplicação de tais recursos. Dessa forma, é considerado estratégia fundamental para a população – e também sob o ponto de vista dos formuladores e propositores do orçamento e das finanças públicas – o acompanhamento de como são arrecadados e como são gastos os recursos obtidos com os impostos e as taxas auferidos pelo Poder Público municipal. Assim, em tempo de predominância dos ideais neoliberais, é fundamental aos cidadãos compreenderem o funcionamento do orçamento, das finanças públicas e da carga tributária como fonte de arrecadação. Por compreender que um sistema de tributação é um grande desafio e essencial para um novo modelo de cidade, trataremos desse tema na próxima seção.

5.4 Sistema de tributação: um desafio antigo para um novo modelo de cidade

No Brasil, a carga tributária é elevada e segue o modelo de arrecadação baseada fundamentalmente no consumo e na produção e menos sobre a riqueza, a renda e as maiores fortunas, o que torna o sistema de tributação brasileiro injusto, penalizando aqueles que têm menores rendimentos. Esse modelo de tributação é antigo e já provocou inúmeras reações da sociedade. De acordo com Sandroni (2007), historicamente o tributo constitui-se como um imposto no qual os vencidos eram obrigados a pagar aos vencedores. Há mais de 800 anos a Grã-Bretanha já se preocupava em cobrar impostos de seus súditos. Houve momentos na Idade

Média em que o imposto só era cobrado se tivesse consentimento dos contribuintes ou sob a ordem do rei. Esse tipo de imposto representava uma contribuição voluntária.

Os anos se passaram e os tributos se tornaram obrigatórios. Embora impostos pelos soberanos aos seus súditos, estes consentiam em pagá-los como forma de retribuição ao serviço prestado pelo Estado à coletividade. Inúmeras foram as revoluções e muitos os movimentos de independência contrários à imposição de cobrança de impostos que, com o passar dos anos, modificaram a relação entre o Estado e a sociedade, implicando em mudanças significativas na forma de tributação, de gastos e da própria organização do Estado.

De acordo com Riani (2009), a atual organização tributária tem sua base na Constituição Federal de 1988 (Brasil, 1988), em seus arts. 145 e 162. Esses artigos versam sobre a arrecadação de tributos, criação de impostos e como deve ser realizada a transferência de recursos entre os entes da Federação: União, estados e municípios. É importante perceber que, para manter em funcionamento a máquina administrativa, a maior parte da arrecadação de impostos no Brasil incide sobre a comercialização, a produção, a importação de produtos etc., diferentemente de muitos países europeus, onde a maior incidência de tributação recai sobre a renda, a propriedade e a herança.

Riani (2009) afirma ainda que existem inadequações entre a arrecadação e os planos de execução orçamentária em todas as esferas de governo – federal, estadual ou municipal. Em âmbito municipal, tais dificuldades são tantas que apenas dezenove municípios fecharam o ano de 2013, conseguindo gerar uma receita própria maior que as transferências realizadas pelos estados e União, conforme o levantamento realizado em 5.067 municípios que declararam suas contas ao Ministério da Fazenda (Souto, 2014).

5.5 A Lei de Responsabilidade Fiscal e a racionalidade dos gastos públicos

Toda questão orçamentária que envolve o setor público passa pela necessidade de transparência na aplicação e na gestão das contas. **A Lei de Responsabilidade Fiscal (LRF)** – Lei Complementar n. 101, de 4 de maio de 2000 (Brasil, 2000) –, busca garantir a racionalidade nos gastos públicos, impondo à União, aos estados e aos municípios a limitação dos gastos às receitas obtidas por eles. Essa lei define os instrumentos de gestão fiscal pública e procura garantir a transparência, buscando dar incentivos à participação popular em audiências públicas, que devem ser amplamente divulgadas em todos os meios de comunicação social (rádio, televisão, jornais, meios eletrônicos e outros) durante o processo de elaboração e discussão dos planos, da **Lei de Diretrizes Orçamentárias (LDO)** e dos orçamentos. A LRF define que as contas do presidente da República, do governador e do prefeito devem ficar disponíveis, durante o exercício do seu mandato, no Poder Legislativo e no órgão técnico responsável pela sua elaboração, para consulta dos membros e das instituições de toda a sociedade.

Para Maricato (2000), o **ambiente macroeconômico**, em um cenário urbano marcado por contradições entre a acumulação de renda por meio da propriedade da terra e as diversas relações sociais, define em grande parte os investimentos a serem realizados pelos governos municipais. Dada a amplitude do crescimento econômico, são estabelecidas as regras pelas quais são distribuídos os recursos obtidos pelas diversas formas existentes de aquisição da riqueza socialmente produzida. Esse processo define o ambiente construído, bem como o nível de produção do mercado imobiliário ligado às regras do sistema financeiro, que exclui a maior parte da sociedade devido a suas altas taxas de juros que favorecem o processo de acumulação capitalista. Dessa forma, o espaço urbano necessita de uma imediata ampliação da democracia e da cidadania, que devem estar no bojo da construção de uma matriz urbanística empreendida pela combinação de planejamento e gestão. Tal matriz precisa estar baseada em um processo de ampliação dos espaços decisórios, eliminando e desconstruindo as representações que dominam e estabelecem sobre a cidade o modelo de produção e apropriação do espaço urbano que produz e reafirma as desigualdades e contradições sociais.

Esse modelo de produção e apropriação do espaço coloca sob a responsabilidade dos municípios a administração e a arrecadação de impostos, além de taxas e contribuição de melhorias que incluem receitas complementadas por atividades relacionadas a alguma prestação de serviços específicos, rendimentos patrimoniais e outros. Esse modelo deve ser utilizado da melhor forma possível para atender os anseios das populações que, durante décadas, ficaram desprovidas de direitos, até que passos importantes fossem dados na Constituição Federal de 1988, que descentralizou recursos antes exclusivamente da alçada federal para as esferas estadual e municipal.

A Constituição Federal de 1988 abriu caminho para a elaboração do Estatuto da Cidade, permitiu alterações no sistema de arrecadação municipal, possibilitou a ocorrência de reformas urbanas e apresentou como obrigatória a realização de planos diretores municipais em todas as cidades com mais de 20 mil habitantes, assim como nas cidades que integram as regiões metropolitanas, nas que estão em áreas de interesse turístico e naquelas que estão situadas em áreas de influência de empreendimentos ou atividades com significativo impacto ambiental na região ou no país.

5.6 O Estatuto da Cidade e a elaboração do Plano Diretor como forma de melhoria da gestão pública

Com a criação do **Estatuto da Cidade**, por meio da Lei n. 10.257, de 10 de julho de 2001 (Brasil, 2001), regulamentando os arts. 182 e 183 da Constituição Federal de 1988, foi criada também uma série de instrumentos que estabelecem parâmetros e diretrizes para melhorar a gestão pública dos recursos urbanos no Brasil.

> A inclusão dos artigos 182 e 183, compondo o capítulo da Política Urbana foi uma vitória da ativa participação de entidades civis e de movimentos sociais em defesa do direito à cidade, à habitação, ao acesso aos melhores serviços públicos e, por decorrência, a oportunidades de vida urbana digna para todos[vii].
> (Oliveira, L. L., 2002, p. 7)

De acordo com Avritzer (2012), o estabelecimento de artigos na Constituição Federal de 1988 que exigem a participação de organizações da sociedade civil em decisões sobre as questões urbanas e a obrigatoriedade da realização do Plano Diretor, conforme o parágrafo do art. 182 da Constituição (que condicionou todas as decisões sobre causas urbanas a cumprirem a cláusula desse artigo), apontou para a necessidade de especificação ou complementação constitucional. Somente após 13 anos de intensos embates

vii. Leia mais em Unicamp (2016).

e mediações entre os setores da sociedade civil, movimentos sociais, instituições de classes e congressistas de diferentes cores partidárias é que foi aprovado o Estatuto da Cidade.

O Estatuto da Cidade (Brasil, 2002) normatiza e regulamenta o uso da propriedade urbana, buscando o bem-estar dos cidadãos e da coletividade, obrigando os municípios a elaborarem planos diretores por meio de audiências públicas com a interação entre o Estado e os representantes da sociedade civil. Esse documento reforça a necessidade da **gestão democrática** com a participação popular e suas entidades representativas na formulação, na execução e no acompanhamento dos planos e projetos urbanos. Além disso, o Estatuto prevê uma "adequação dos instrumentos de política econômica, tributária e financeira e dos gastos públicos aos objetivos do desenvolvimento urbano, de modo a privilegiar os investimentos geradores de bem-estar geral e a fruição dos bens pelos diferentes segmentos sociais" (Brasil, 2001).

De acordo com Maricato (2013), o uso dos instrumentos jurídicos que orientam a política de desenvolvimento e ordenamento urbano previstos no Estatuto e na Constituição Federal devem estar subordinados ao Plano Diretor. Este, por sua vez, não pode ficar apenas no papel, carregando propostas ideológicas e sujeitas a leis que não são cumpridas. Deve ser um plano de ação comprometido com o processo democrático, que não fique marcado por boas intenções descoladas da realidade social e da necessidade da maioria dos habitantes da cidade, mas deve prover uma gestão operacional dentro de um planejamento que oriente a aplicação das receitas e despesas orçamentárias, visando atender o interesse público, de forma lícita, com o acompanhamento e a fiscalização da própria sociedade, como estabelece a Constituição Federal.

Como lei municipal, o Plano Diretor é elaborado pelo Poder Executivo, com representação política da sociedade por meio do

Poder Legislativo, e visa estabelecer metas que deverão ser seguidas para promover o desenvolvimento, as formas de crescimento e o planejamento territorial urbano. Tudo com vistas a compatibilizar o interesse da sociedade diante dos investimentos a serem realizados, objetivando garantir o direito à cidade a todas as pessoas da forma mais justa possível.

A qualidade de vida dos moradores da cidade deve ser levada em consideração quando se discutem as demandas e necessidades locais, como a falta de moradia, os altos custos dos imóveis, a necessidade de regularização fundiária, a preservação e restauração dos sistemas ambientais. Esses problemas vão servir como diagnóstico da realidade do município, que deveria ser extremamente conhecida por aqueles que participam da elaboração do Plano Diretor como lei municipal, conforme exige o Estatuto da Cidade. Dessa forma, é importante ressaltar que o Plano Diretor deve conter minimamente as regras e normas destinadas ao uso e à forma de parcelamento do solo urbano; à expansão urbana; à construção de moradias; ao saneamento básico; aos transportes urbanos; à gestão democrática e ao desenvolvimento da cidade. Tudo isso requer que as prioridades do planejamento municipal estejam garantidas no Plano Plurianual, nas diretrizes orçamentárias e no orçamento anual, levando em conta o que está estabelecido no Plano Diretor.

5.7 O Plano Plurianual, a Lei de Diretrizes Orçamentárias e a Lei Orçamentária Anual

Para adequação ao Estatuto da Cidade, muitos gestores públicos tiveram de se organizar, econômica e financeiramente, dentro de orçamentos estabelecidos via regras e normas, anteriormente nem sempre seguidas pela maioria dos municípios brasileiros. Visto como um instrumento de arrecadação e dispêndios públicos, o **orçamento** é uma forma que o município tem de apresentar as prioridades de aplicação de suas receitas de forma detalhada na implantação de suas políticas públicas. O orçamento público é planejado por meio de leis de iniciativa do Poder Executivo e de aprovação do Legislativo. A primeira delas é o **Plano Plurianual** (PPA).

O PPA é um plano que prevê a arrecadação e os gastos em programas e ações para um período de quatro anos, que entra em vigor a partir do segundo ano da gestão de um mandato e atinge o primeiro ano de gestão do outro mandato, objetivando que as obras e os investimentos planejados sejam realizados. Todos os investimentos cuja execução ultrapasse um ano não poderão ser iniciados sem ser incluídos no PPA ou sem que a justiça autorize sua inclusão.

A **Lei de Diretrizes Orçamentárias** (LDO) estabelece as metas e as prioridades para o exercício financeiro, orientando a elaboração do orçamento e fazendo alterações na legislação orçamentária, garantindo, dessa forma, a viabilidade de execução dos programas governamentais e servindo de ligação entre o PPA e a **Lei Orçamentária Anual** (LOA). Tem como uma de suas funções a escolha entre os programas e as metas do PPA aqueles que terão prioridade na execução orçamentária. Estabelece ainda a previsão das despesas de capital para o próximo exercício financeiro e a política de atuação das agências de fomento.

O Poder Executivo deverá encaminhar a LDO para análise da Câmara de Vereadores até meados de abril, tendo esta de aprová-la até o final de junho. Caso não aprove nesse prazo, os vereadores (Poder Legislativo) não poderão entrar em recesso. A LDO também deverá conter autorização específica para concessão de aumento de remuneração e/ou vantagens financeiras ao funcionalismo público, levando sempre em consideração a **Lei de Responsabilidade Fiscal** (LRF).

A LOA registra e estima as receitas e fixa as despesas dos órgãos municipais com pessoal, avalia os investimentos realizados e as dívidas contraídas para um período de um ano, de acordo com as prioridades contidas no PPA e na LDO, e detalha quanto será gasto em cada ação ou programa. Na LOA, as despesas são apresentadas em formato de tabelas que facilitam a visualização sobre a destinação dos recursos para cada um dos departamentos da Administração Pública e quanto cada departamento pode gastar de tais recursos nas atividades planejadas. A LOA deve ser enviada pelo Poder Executivo até o dia 30 de setembro de cada ano e aprovada pelo Legislativo até o fim do mês de dezembro.

Figura 5.1 – Instrumentos de gestão do orçamento público

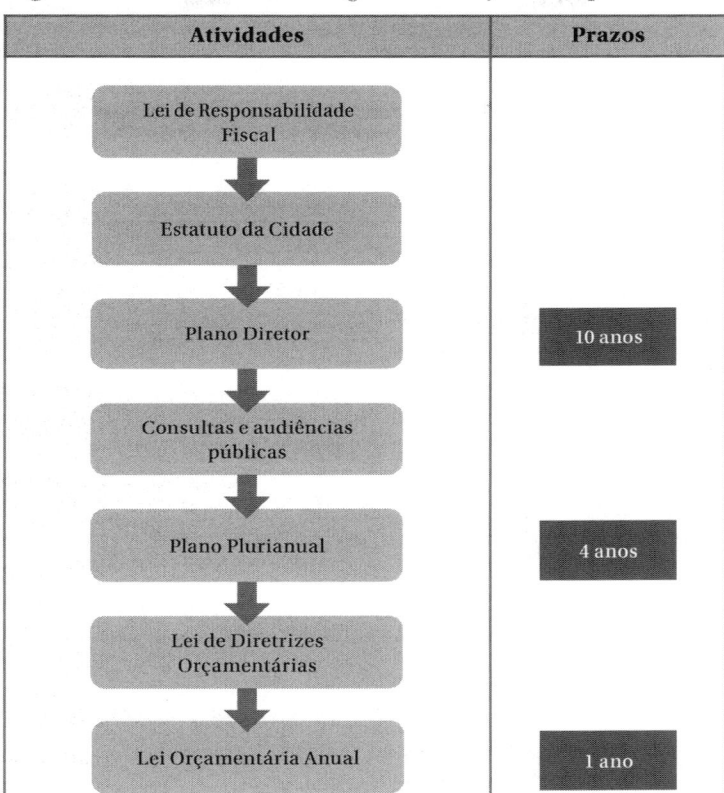

Fonte: Garbossa, R. e R. Silva, 2015

Todos os mecanismos anteriormente apresentados são formas de tornar mais transparentes as contas públicas e buscam combater desvios e corrupção, problemas constantes em todas as esferas de governo. As audiências públicas têm se tornado uma das melhores possibilidades de participação popular. Muitos são os exemplos em todo país de audiências públicas que têm o formato de consulta pública, muitas delas com grande participação popular. Porém, na maioria dos municípios do país, as audiências públicas são realizadas em horários nos quais os trabalhadores e a maioria da população não podem participar.

5.8 Os desafios de uma nova urbanidade

As mudanças ocorridas nas grandes cidades, conforme discutimos no início deste capítulo, inserem-se em um novo contexto que tem como base econômica as políticas de desregulação e gestões instrumentalizadas. Essas mudanças objetivam o crescimento e a expansão das cidades e a melhoria na mobilidade, porém têm como desafios: ampla segregação social; concentração de serviços; ampliação da quantidade de grandes corporações e empresas símbolos do capitalismo global associadas a redes financeiras internacionais; e complexos projetos de infraestrutura e arquitetônicos que confirmam as grandes cidades e as metrópoles como território de oportunidades para o capital especulativo nacional e internacional.

Em um contexto que exige transparência na gestão pública dos recursos por meio de instrumentos como a LRF, o Estatuto da Cidade, o PPA, a LDO e a LOA, é fundamental discutir sobre quais preceitos estão balizados os interesses e as aspirações dos agentes públicos que planejam e transformam essa nova urbanidade que está sendo produzida e a quem está servindo. As alterações realizadas por intervenções antrópicas vinculam os lugares aos negócios e à modernização requerida pela globalização, que impactam sobre a morfologia territorial e sobre a paisagem urbana, criando nas grandes cidades áreas de intensa modernização e áreas degradadas, onde tal modernização continua distante. A amplitude desse fenômeno espacial coloca determinadas áreas como essenciais para a ampliação das forças do capital financeiro e produtivo e outras como espaço de reprodução da força de trabalho – onde se localizam as ofertas e demandas de emprego –, de serviços de saúde, de comunicação, de transporte e de educação, fomentando o consumo e contribuindo para a valorização imobiliária. Essa acentuada mercantilização do espaço urbano reflete um comportamento diante de um poder público que se coloca aparentemente neutro, mas que distribui de forma desigual no território as receitas obtidas por meio de tributos, contribuindo para a intensificação da diferenciação socioterritorial, com mudanças na configuração espacial e novas urbanizações que se percebem fragmentadas.

Entre essas novas urbanizações estão as novas centralidades, que surgem mediante a configuração de novos espaços na cidade, com infraestrutura e equipamentos públicos, como ilhas urbanas de prosperidade que, sob a égide da reestruturação produtiva e imobiliária, produzem sérias dificuldades aos elaboradores e administradores das políticas públicas e demais habitantes da cidade, que precisam definir as prioridades na aplicação dos recursos públicos, muitas vezes insuficientes para atender as demandas já existentes, que dirá para suprir as novas demandas geradas por tais centralidades.

Conforme Maricato (2013), durante um século e meio o crescimento das cidades centrais do mundo capitalista foi orientado por um planejamento urbano modernista que deu lugar, no final do século XX, às propostas neoliberais que acompanham a reestruturação produtiva. Em países como o Brasil – onde a definição do uso e da ocupação do solo urbano é marcada por um modelo sustentado no aparelho do Estado, no qual os padrões são importados de países desenvolvidos e aplicados a apenas uma parte das cidades brasileiras –, ocorre uma modernização incompleta que aprofunda a exclusão, colocando o país dentre as sociedades mais desiguais do mundo e favorecendo um mercado imobiliário restrito e especulativo.

De acordo com Smolka (1979), existe uma articulação entre o capital incorporador das bases fundiárias e o Estado, que se apropria dos melhores espaços urbanos e os transforma, ampliando seu capital imobiliário. Essa articulação é percebida com mais clareza quando a escassez de terras urbanizadas é maior, pois, baseado na argumentação da falta de recursos, o Estado escolhe como prioridade para prover de serviços públicos as áreas com maiores arrecadações fiscais, onde estão localizadas as famílias mais abastadas e influentes. Dessa forma, quando se leva em conta a totalidade da população, o Estado aloca mal seus recursos, contribuindo para a elevação dos preços dos terrenos e favorecendo a ação de especuladores que forçam um aumento dos preços de forma artificial.

Destacamos também a ampliação do crédito, que provoca um aumento da demanda pela terra urbana, elevando o custo do dinheiro, como alternativa de aplicação financeira, aquecendo a indústria imobiliária, que exerce pressão sobre o mercado, auferindo maiores lucros e promovendo a intensificação do espaço urbano para fins de especulação imobiliária. Segundo Firkowski (2002), os fatores que promovem a localização das grandes corporações capitalistas na atualidade, como no caso das grandes montadoras de automóveis, são diferentes dos locais escolhidos antigamente, quando se buscava estar próximo à matéria-prima, às fontes de energia e à mão de obra. Hoje, além de tais fatores, são levados em consideração o acesso à tecnologia, à infraestrutura específica, ao mercado consumidor, além das parcerias com o Poder Público, que contribuem para que a escolha da localização seja feita não somente pelas considerações técnicas e econômicas, mas também por outras oportunidades que possam surgir. Dessa forma, o governo não mede esforços na busca pela melhor localidade para a instalação das grandes empresas, inclusive concedendo a tais organizações incentivos fiscais. Muitas dessas corporações se juntam a outras na ocupação do espaço urbano, apropriando-se de áreas públicas e até mesmo de áreas consideradas de preservação ambiental, as quais, muitas vezes – dada a fragilidade do Poder Público e de seus órgãos de fiscalização e mesmo com a própria conivência de tais órgãos –, são incorporadas ao patrimônio de grupos imobiliários que ampliam o retorno de seus investimentos graças ao alto nível de valorização de tais áreas.

Ainda segundo Firkowski (2002), esse retorno é obtido devido a estas serem áreas verdes de preservação e reservas, consideradas um produto raro e caro nas cidades brasileiras, o que representa lucratividade para o mercado imobiliário e para os proprietários dessas áreas. Dessa forma, torna-se corrente o discurso de que, se não houver uma política de ocupação formal e dirigida, essas áreas irão se tornar alvos de invasões e ocupações irregulares pela população de baixa renda, o que estimula sua ocupação pelas indústrias de tecnologias avançadas e pela população de alta renda, que são consideradas formas de ocupação menos prejudiciais ao meio ambiente por terem condições de pagar o preço da preservação.

Para Jorgensen (2012, p. 1), "o espaço urbano dotado de serviços e infraestrutura se transforma em um bem privado pleno, que passa a ser negociado no mercado como se fosse um bem sujeito às condições de flutuações de mercado de acordo com a oferta e a demanda como automóveis, alfinetes ou ferramentas". O autor afirma que o solo natural não é um bem escasso, mas que a terra urbana tem características diferentes dos demais bens industriais, geralmente não essenciais, que desaparecem ao serem consumidos e, por definição, são reprodutíveis pelo trabalho humano. Os terrenos providos de infraestrutura, urbanizados e bem localizados em relação à oferta de equipamentos e serviços públicos, serviços privados e amenidades naturais para fins urbanos, que atendem às necessidades de demanda, como daqueles que necessitam deles para fazer sua moradia, na maioria das vezes são apropriados pela indústria da construção civil e pelo mercado imobiliário para incorporar seus produtos imobiliários e multiplicar seus bens. Diferentemente dos produtos perecíveis, o solo urbano pode permanecer durante décadas a fio como um patrimônio que se valoriza com o tempo ou como carteira imobiliária ou, até mesmo, sem qualquer uso, para cumprir uma função de preservação de "engorda" de um determinado valor investido em sua aquisição.

A aquisição de um terreno requer a construção de uma obra e de todos os serviços de infraestrutura, como água, luz, eletricidade, rede de esgoto e o acesso à cidade e seus recursos. Esse acesso dependerá de sua localização, do tempo e do custo de deslocamento que as pessoas ou os produtos terão. Por isso, a localização é fundamental para a incorporação de valores ao imóvel, já que a infraestrutura pode ser produzida e reproduzida pelo ser humano, mas não ocorre o mesmo com a localização, que é um bem único e irreprodutível. Segundo Villaça (2012, p. 37), esses bens "são como as antiguidades e as obras-primas, que são produto do trabalho humano, mas não podem ser reproduzidas por ele".

Conforme Gottdiener (1997), o mercado imobiliário e o sistema financeiro atuam como mediadores capazes de transformar os valores de usos produzidos pelo espaço urbano em valores de trocas de mercadorias, que são estabelecidos nos valores dos imóveis. A monopolização dos imóveis é resultado da canalização de recursos do Estado para beneficiar as corporações capitalistas, que necessitam da moderna propriedade, mas não querem dispender recursos próprios na realização de infraestruturas que agregariam valor ao bem imóvel, como terraplanagem, saneamento básico, asfalto, iluminação pública, entre outras.

De acordo com Jorgensen (2012), a indústria da incorporação imobiliária pode transformar o território, disponibilizando em um espaço bem localizado e com boa infraestrutura uma gama variável de bens de uso para uma grande quantidade de famílias ou empresas, obtendo ganhos de escalas, expandindo a valorização do terreno e ampliando a sua lucratividade. A garantia de ampla margem de lucro, a não reprodutibilidade do solo e a limitada possibilidade de reprodução dos produtos-localização (propriedades de ótima localização e com boa infraestrutura) tornam mais acirradas a disputa por localizações mais oportunas, que transformam a composição física da cidade, favorecem o adensamento e o aumento de preços nas localizações centrais.

Caracterizada por maior centralidade, pela menor distância do local de trabalho, pela proximidade da escola e dos demais equipamentos urbanos – como comércio, clientes e fornecedores –, essa centralidade é uma construção dos vários agentes econômicos que agregam valor ao espaço urbano e incrementam a busca por esse tipo de território. A demanda pelo solo urbano se agrava na disputa pela ocupação do espaço por grandes grupos em situação precária, sem qualquer preocupação com os mecanismos formais do mercado imobiliário – para o desespero do sistema de normatização urbano.

Objetivando diminuir a pressão por moradias em determinados locais da cidade, o Estado propõe programas de relocação e de moradias subsidiadas às famílias menos abastadas. Quando há subsídios governamentais às populações de baixa renda para a aquisição de um bem imóvel, isso vai ser transformado, em parte, em ganhos para os proprietários de terrenos, já que muitos deles compram grandes quantidades de terras baratas nas regiões periféricas da cidade e os transformam em loteamentos. Dessa forma, em seus bolsos irão parar boa parte dos subsídios obtidos pelas populações de baixa renda.

Para Maricato (2000), o **acesso à moradia** sempre foi um dos grandes problemas vivenciados pela população e uma bandeira das lutas sociais por políticas públicas que garantissem o direito a seu acesso, desde 1945, quando ocorreram mudanças com relação à propriedade da terra, após uma reforma urbana realizada pelos países centrais capitalistas. O Estado passou a regular as rendas fundiárias e estendeu a infraestrutura e o financiamento subsidiado para moradias populares, bem como regulou os salários e o preço da terra, do saneamento, dos serviços públicos, garantindo um melhor desenvolvimento das cidades.

Os maiores investimentos empregados em políticas habitacionais, como os do Banco Nacional de Habitação (BNH), jamais conseguiram reverter o aumento das moradias informais e da suburbanização. A autora ressalta que não há como resolver o problema da moradia apenas com políticas compensatórias, principalmente quando tais políticas se apoiam em promoção pública, são regidas pela lógica do mercado e conduzidas por interesses privados. É de se levar em conta que, quando se trata de implementar programas de moradias, "não se faz omeletes sem quebrar os ovos, não há solução para o problema habitacional sem interferir em aspectos fundamentais que embasam o poder na sociedade brasileira como o patrimonialismo e a captação das rendas imobiliárias" (Maricato, 2000, p. 129).

5.8.1 A cidade e o preço da terra

Gottdiener (1997) se refere a Karl Marx e a autores como Henri Lefebvre e David Harvey para afirmar que o papel da terra e do mercado imobiliário na reprodução das relações capitalistas tende a atrair investimentos mesmo nas épocas em que as atividades de produção não os atraem, inclusive em períodos de depressão.

Percebendo o valor da terra como produto social, o investimento imobiliário torna-se um setor de formação de capital e de realização de mais-valia, no qual a propriedade do solo urbano pode oferecer ganhos apesar dos seus riscos, principalmente ao levar em conta a crise imobiliária, em que o capital investido nem sempre tem o retorno esperado. Para esse autor, existem diferentes possibilidades de uso para a propriedade da terra, que tende a ser utilizada para outros fins, como no caso da especulação imobiliária. Jorgensen (2012, p. 3) destaca que, "sendo imperecível, ela pode permanecer décadas a fio num patrimônio ou carteira imobiliária, sem qualquer uso, à espera de que a exasperação da concorrência entre os demandantes – que não cessam de se multiplicar – permita que ela seja negociada na oportunidade da máxima valorização". Além disso, a disposição espacial das fábricas e dos estabelecimentos comerciais e os mecanismos de ligação e comunicação entre eles se constituem uma forma de produção e acumulação de capital, pois a redução nos custos de transportes significa aumento de mais-valia.

Furtado (2004, p. 68) afirma existir a necessidade da intervenção do Estado "sobre um mercado de terras cujo funcionamento se caracteriza por uma distribuição estruturalmente injusta das mais-valias fundiárias". Nesse sentido, a autora utiliza o termo *mais-valia fundiária* para designar toda renda obtida com a valorização da terra. Para ela, qualquer parcela alcançada por agregação de valor à propriedade, seja por ter acumulado uma determinada mais-valia no passado, seja por vir a obtê-la no futuro, representa uma renda econômica da terra originada pelas diversas dinâmicas presentes no processo de urbanização que deve ser recuperada pela comunidade. No processo de urbanização, os terrenos obtêm uma valorização própria da infraestrutura e dos investimentos realizados em seu entorno. Essa renda da terra que representa um incremento no valor de seu preço original de aquisição, proporcionando ao proprietário ganhos que não foram obtidos com o seu esforço, é qualificada como passível de recuperação. Dessa forma, qualquer tributo ou ônus que seja imposto ao rendimento obtido pela terra por parte do proprietário pode ser entendido como instrumento de recuperação de mais-valias fundiárias.

De acordo com Villaça (2012), a terra urbana tem uma enorme capacidade de conferir rendimento aos seus proprietários permanentemente, mesmo quando nenhuma atividade produtiva seja exercida sobre ela. A renda da terra urbana, por causa de sua baixa composição orgânica de capital e por ter a possibilidade de ser transferida com lucro para outros, beneficia a muitos, embora de forma desigual. Dessa forma, até mesmo uma casa localizada em uma ocupação irregular pode obter os benefícios de investimentos públicos e privados em infraestruturas na sua proximidade.

O preço do solo urbano não é estabelecido pelos consumidores, que preferem adquirir um pedaço de terra levando em consideração o que essa terra pode lhe oferecer, mas sim por demanda dos agentes capitalistas, que hierarquizam os preços de acordo com as transformações realizadas no solo urbano. Nesse sentido, as grandes edificações exigem grande demanda de solo urbano, pois, quanto maior a incorporação de capitais, maior é a necessidade de terra urbana.

Como consequência, essa necessidade coloca em lados opostos o proprietário fundiário, como detentor do terreno que se estabelece como barreira, e o capitalista, que pretende incrementar o uso do solo urbano e valorizar seus investimentos. A capacidade do capital de superar esses obstáculos é condição para ampliação da capacidade de sua reprodução, por isso, não é possível conceber um estudo da propriedade da terra e do mercado imobiliário, dos agentes que cooperam entre si e dos conflitos estabelecidos na busca de uma maior reprodução do capital presente na valorização fundiária e imobiliária sem discutir também o planejamento urbano.

5.8.2 O planejamento urbano e o movimento social organizado

O planejamento urbano baseado na modernidade e como herança positivista teve seu auge durante o *welfare state*[viii], quando os países conseguiram proporcionar a parcelas importantes da sociedade ganhos de acumulação capitalista que, combinados com avanços sociais, garantiram o crescimento econômico com distribuição de renda e elevação do padrão de vida da população. No Brasil, algumas tentativas de avanços no planejamento foram realizadas por Celso Furtado durante três governos: Juscelino, Jânio e Jango, mas foi durante o regime militar que "o planejamento urbano conheceu seu período de maior desenvolvimento, que se inicia com a elaboração da PNDU – Política Nacional de Desenvolvimento Urbano, integrante do II PND – Plano Nacional Desenvolvimento de 1973" (Maricato, 2013, p. 127).

---

viii. *Welfare state*: Estado de bem-estar social. Quando o Estado passa a ser o indutor de investimentos e promoção e responsável pela organização da economia.

As mudanças necessárias no modelo urbanista são justificadas pelas alterações nas atividades econômicas, no mundo do trabalho, na composição tecnológica da produção, na centralização dos controles dos negócios e da mobilidade do capital que transformam as relações na sociedade e no espaço, promovendo maior concentração do poder privado, ampla segregação e menos mobilidade social que foram implementadas como uma estratégia do Consenso de Washington[ix]. O **Consenso de Washington**, conforme Batista (1994), foi um seminário internacional provido por John Willianson na capital federal norte-americana, que reuniu, em novembro de 1989, cerca de 100 especialistas representantes de governos, bancos e empresas privadas, bem como alguns acadêmicos de diversos países da África, Ásia e América Latina, que passaram a empregar nos países participantes um receituário neoliberal de mudanças econômicas, políticas e sociais, mobilizadas por intensa e caríssima campanha publicitária para popularização de tais ideias.

As **reformas neoliberais** propostas pelo Consenso de Washington – amplamente divulgadas pelos organismos das grandes corporações instaladas no país e pela mídia nacional, defendidas por partidos políticos conservadores e seguidas em todos os preceitos pelo governo brasileiro durante a década de 1990 e início do século XXI – contribuíram para a ampliação das desigualdades e contradições sociais. O processo de privatizações, a manutenção da paridade da moeda brasileira com a moeda norte-americana e a abertura do mercado à entrada de produtos importados acentuaram a recessão e o desemprego, bem como favoreceram o endividamento externo e impactaram as políticas de geração

---

ix. Para saber mais, leia Batista (1994).

de emprego e renda e o mercado imobiliário residencial, entendidas como variáveis essenciais para o desenvolvimento urbano.

De acordo com Baltrusis (2006), baseados em processo de urbanização excludente, nas grandes cidades brasileiras se aprofundam os problemas da escassez da habitação e ampliam-se a pobreza e a miséria concentradas em algumas partes das cidades, onde podem ser destacados os cortiços e as favelas, o aumento de assentamentos precários, a saturação das vias de tráfegos, a degradação de centros históricos e a insuficiência de serviços urbanos básicos, como o abastecimento de água e de rede de esgotos, que atendem proporções cada vez menores da população total. Problemas que são acentuados pela existência de terrenos vazios e imóveis subutilizados em regiões com boa infraestrutura enquanto a cidade se expande. Nesse sentido, o mercado imobiliário retém a propriedade de terras ociosas, aumentando a especulação e dificultando o Poder Público no estabelecimento de políticas habitacionais que atendam os interesses da população mais pobre.

Para Maricato (2000), o desenvolvimento urbano está relacionado à história do planejamento urbano envolvido em inúmeras controvérsias. A partir de 1940, muitos planos foram elaborados e vários ficaram marcados pela descontinuidade ou nunca implantados. Visando escapar do descrédito, variações na nomenclatura dos planos de urbanização passaram a ser utilizadas, como: *Plano Diretor, Planejamento Integrado, Plano Urbanístico Básico, Plano Municipal de Desenvolvimento*, entre outros. A autora ainda ressalta que foi durante o regime militar que a atividade de planejamento urbano mais se desenvolveu, tendo nas diretrizes básicas da Política Nacional de Desenvolvimento Urbano (PNDU) e no Plano Nacional de Desenvolvimento (PND) o seu ponto mais importante durante o governo do General Ernesto Geisel, em 1974.

A partir da década de 1980, os movimentos sociais passaram a imprimir maior movimentação por abertura política e participação popular na elaboração de planos diretores, mas sempre deixando entender que tal tarefa pertencia aos técnicos, que tinham qualificação para isso. Nesse período, os representantes dos movimentos populares eram ouvidos sobre suas reivindicações, problemas e prioridades, mas a elaboração dos planos cabia aos técnicos. Os movimentos eram ouvidos pelas autoridades apenas como mera formalidade. A Constituição de 1988 representou a oportunidade para que os movimentos populares organizados em torno de reivindicações por moradias e entidades ligadas à questão urbana incluíssem as suas bandeiras de luta pela reforma urbana, que representava a "ruptura com a ordem urbana vigente nas cidades do país, por meio das regras excludentes de apropriação do território, regras essas que geravam um espaço urbano injusto, do ponto de vista social, degradado do ponto de vista ambiental" (Villaça, 2012, p. 175).

Conforme Maricato (2000), para transformar a realidade urbana em mais justa e inclusiva, basta a utilização dos instrumentos já existentes, como o **Imposto Predial Territorial Urbano** (IPTU), o qual, mesmo não sendo progressivo, poderia ser utilizado como forma de ampliar a arrecadação do município com cobranças de alíquotas diferenciadas para fazer justiça social. Pode-se pôr em prática também o Estatuto da Cidade, a Lei de Zoneamento, a lei do solo criado, as zonas especiais de interesse ambiental, habitação de interesse social e contribuição de melhorias.

Tudo isso poderia ser utilizado para transformar a realidade urbana por meio de investimentos em infraestruturas, promovendo a criação de moradias populares e regularizando e urbanizando áreas irregulares. Seriam modos de distinguir-se da segregação estabelecida pelo mercado imobiliário, que se utiliza de instrumentos gerais, como os planos nacionais, regionais e estaduais de ordenação do território e de desenvolvimento econômico e social, assim como do planejamento das regiões metropolitanas, das aglomerações, das microrregiões e do planejamento municipal. Tais instrumentos também poderiam ser apropriados pelos movimentos sociais organizados, procurando garantir nos espaços apropriados de representação e democráticos a sua maior participação, conforme os estabelecidos pelo Estatuto da Cidade, buscando alterar esse modelo que se busca perpetuar por meio de uma ilegalidade excludente e perversa, que fortalece a práxis da desigualdade.

De acordo com Santoro, Cymbalista e Levy (2004), com o estabelecimento do Estatuto da Cidade, foram atribuídas ao Plano Diretor responsabilidades sobre a regulação do uso do solo urbano e a efetivação da função social da propriedade. Assim, o Plano Diretor passou a funcionar como instrumento explícito de recuperação social da valorização da terra pela aplicação dos instrumentos de política urbana no território da cidade, como é o caso do parcelamento, da edificação ou utilização compulsória, do direito de preempção, da outorga onerosa do direito de construir e de alterar o uso, das operações urbanas consorciadas e da transferência do direito. O Plano Diretor tornou-se uma ferramenta importante, definindo onde serão utilizados os instrumentos de política urbana, que poderiam garantir a função social da propriedade por meio da aplicação das diretrizes concretas do Estatuto da Cidade, pois

> o solo urbano não edificado, subutilizado ou não utilizado, incluído no Plano Diretor poderá, de acordo com a lei municipal específica, obrigar-se ao parcelamento, edificação ou utilização compulsórios. Caso isso não ocorra, o imóvel estará sujeito ao IPTU progressivo no tempo e a seguir, quando não atender

às determinações acima, à desapropriação com títulos da dívida pública, sucessivamente. (Maricato, 2000, p. 107)

Como o texto constitucional foi resultado de muitas mediações e debates, com base nas diferentes representações partidárias existentes no Congresso Nacional, as transformações pretendidas pelos diversos setores da sociedade brasileira acabaram diante de muitas negociações, passando longe da ruptura pretendida pelos movimentos sociais e pelas entidades profissionais e de assessoria ligadas à questão urbana. No texto constitucional, foi aprovada a obrigatoriedade de elaboração de Plano Diretor nos municípios com população superior a 20 mil habitantes, no único artigo da Constituição Federal que trata da política urbana.

Para aqueles que defendiam a função social da propriedade, garantida na reforma urbana, os planos diretores passaram a ocupar os locais de debate e de interlocução sobre a cidade e abriram espaços para os técnicos, formados por urbanistas que se julgavam aptos ao desenvolvimento daquilo que é melhor para a cidade. Os planos diretores afastaram os movimentos populares dos debates, que não viam neles espaços para a inclusão de suas reivindicações. De fato, eles se tornaram um entrave burocrático para os movimentos populares garantirem as suas reivindicações. Com o Plano Diretor, "os governos municipais ficaram impossibilitados de implementar diretamente uma política de combate à especulação imobiliária. Precisam antes contemplar a questão na Lei Orgânica e depois no Plano Diretor" (Villaça, 2012, p. 176).

Para Maricato (2000), não foi por falta de planos e de legislação urbanísticas que as cidades brasileiras cresceram dentro de uma perspectiva de favorecimento do mercado imobiliário. Existe uma grande quantidade de leis e normas que regulam a utilização do espaço urbano no Brasil, leis de zoneamento, leis de parcelamento do solo e edificações preparadas por corporações que desconsideram o fato de serem as responsáveis por excluírem parcelas significativas da sociedade do acesso à moradia e da ocupação do solo urbano. A proximidade das grandes corporações e de instituições do mercado imobiliário junto ao Estado forja uma cidade legal, com uma legislação ineficaz que privilegia a aplicação discriminatória da lei, favorecendo poucos grupos corporativos. Ao mesmo tempo, existe uma cidade ilegal, que se aproveita dos trâmites da legislação urbanística para flexibilizá-la pela **corrupção**, provendo um verdadeiro *laissez faire*[x] nas terras urbanas brasileiras, onde a invasão de terras é parte intrínseca do processo de desenvolvimento da cidade, e não necessariamente fruto de uma organização da ação da esquerda ou de movimentos sociais dispostos a enfrentarem o rigor da lei. As invasões são necessárias e institucionalizadas pelo mercado imobiliário excludente e pela ausência de políticas públicas que atendam aos interesses das populações fragilizadas. Os loteamentos ocupados apresentam diversas formas de ilegalidades, que vão desde a documentação da propriedade ao não atendimento das exigências da legislação da cidade.

Algumas propostas, como o IPTU progressivo, que incide sobre a valorização da propriedade da terra urbana, previsto no art. 182 da Constituição Federal, e a participação da sociedade, se aplicados devidamente, poderiam ser instrumentos de justiça urbana. No entanto, por falta de regulamentação, não estão sendo colocados em prática. Iniciativas recentes, como a da Prefeitura do Município de São Paulo de tentar fazer cumprir a Constituição e

x. *Laissez faire, laissez passer*: relativo ao "deixa fazer, deixa passar", do liberalismo econômico, no qual não caberia ao Estado a intervenção no mundo dos negócios. Termo introduzido na economia e atribuído a Jacques Vincent de Gournay (1712-1759).

instituir o IPTU progressivo a partir de 2014[xi], tiveram imediata reação por parte dos setores mais conservadores da cidade, como a Federação das Indústrias do Estado de São Paulo (Fiesp), que impetraram ações na justiça, barrando sua aplicação pela prefeitura. O poder legal, dessa forma, garante a manutenção dos privilégios dos setores mais ricos da sociedade, favorecendo o acúmulo de renda pela propriedade imobiliária.

O planejamento da cidade deve levar em conta a democracia, expressando a vontade da maioria, fomentando a participação popular e combatendo as desigualdades, distinguindo-se dos discursos que se afirmam em um planejamento cuja participação social não é efetiva. Quando é levado em conta o interesse da maioria, a origem dos recursos e a destinação dos investimentos devem atender a uma demanda pública para, depois, atender aos interesses privados, determinando quem e quantos terão acesso a tais recursos. Isso influencia na distribuição espacial e na dinâmica territorial de cada localidade.

O Orçamento Participativo de Porto Alegre, capital do Rio Grande do Sul, por exemplo, representa uma combinação de ação orçamentária e participação popular, podendo ser um instrumento de reversão do modelo de gestão das cidades brasileiras. Esse modelo de gestão dos recursos públicos por meio de um processo pedagógico amplia a cidadania, desmistifica o orçamento, quebra o controle sobre o orçamento municipal por parte dos monopólios, distribui rendas e melhora as oportunidades, atingindo "frontalmente a lógica de funcionamento e valorização imobiliária" (Maricato, 2000, p. 183).

xi. Ver mais sobre isso em São Paulo (2014).

5.8.3 A democracia participativa na definição da aplicação dos recursos públicos por meio do Orçamento Participativo

O Orçamento Participativo na forma como foi implantado em Porto Alegre representou um passo importante de aperfeiçoamento da democracia na política. É uma forma de incluir nas decisões sobre finanças e políticas públicas a população organizada e a sociedade civil, que assumem um papel ativo, deixando de serem apenas espectadores. Suas vozes são ouvidas, mesmo conflitando com interesses estabelecidos por parlamentares e pelo Poder Executivo, diante do que pode ser visto por alguns autores, como Avritzer (2012), Gonçalves (2005) e Pires (2001), como **radicalização da democracia**. Para esses autores, a democracia participativa passa a ser um instrumento para atingir da melhor forma possível a alocação dos recursos públicos, abrindo espaços para que a população possa exercer o seu direto e o seu dever na destinação dos recursos governamentais. Assim, o Orçamento Participativo resgata a ideia de que o indivíduo é sujeito, fazendo parte de uma sociedade regida por normas e regras, à qual ele também pertence e que pode por ele ser transformada. Desde 1989, em Porto Alegre, conforme Gonçalves (2005), Pires (2001) e Fedozzi (2000), milhares de pessoas reúnem-se em dezesseis plenárias regionais e seis plenárias temáticas, em consecutivas reuniões intermediárias, com o objetivo de apresentar demandas e analisar e escolher prioridades de acordo com o Regimento do Orçamento Participativo.

Com o passar dos anos, a dinâmica de estabelecimento do Orçamento Participativo foi mudando e muitas adaptações com a mesma nomenclatura foram instituídas. Para Avritzer (2012), a ampliação das experiências do Orçamento Participativo para cidades do país e para o exterior, principalmente após a Conferência das Nações Unidas para os Assentamentos Humanos – Habitat II (Istambul, 1996) – quando se tornou conhecido e foi uma das 43 melhores experiências de gestão apresentadas –, contribuiu para alterações na metodologia e na aplicação do modelo, o que foi enriquecedor para o debate acadêmico e para a possibilidade de ampliação da participação popular e dos espaços da democracia participativa no país.

Para Maricato (2013), a natureza da localização dos investimentos regula quem e quantos terão direito à cidade. Para a autora, a localização também influencia nas características da segregação territorial e na qualidade de vida dos habitantes da cidade. Nesse sentido, o Orçamento Participativo se torna essencial na definição dos investimentos urbanos. A integração entre Plano de Ação e Orçamento Participativo pode construir um motor de reversão do modelo de gestão das cidades. O Orçamento Participativo é um processo pedagógico que amplia a cidadania e muda as relações de poder municipal, distribuindo rendas, melhorando as cidades e criando oportunidades. Tem a virtude de quebrar os monopólios nas decisões de onde serão implantadas a infraestrutura, os equipamentos e os serviços urbanos, impactando frontalmente a lógica de funcionamento da valorização imobiliária.

Dado o sucesso de implantação na Prefeitura de Porto Alegre desde 1989, uma experiência que passou a ser copiada por diferentes instâncias governamentais, independentes de cores partidárias, é possível que venha a ser mais eficaz que a legislação urbanística no sentido de diminuir a segregação territorial. Haja vista que, desde 2004, quando a Frente Popular, com o Partido dos Trabalhadores (PT) à frente do executivo municipal, deixou a Prefeitura de Porto Alegre, iniciou-se uma nova fase do Orçamento Participativo. O grupo político, liderado pelo Partido Popular Progressista (PPS), apresentou como plano de governo uma nova forma de gestão participativa, a **Governança Solidária Local**, que tem como objetivo estimular a cooperação de todos os atores sociais locais em favor do projeto comum de desenvolvimento sustentável. No discurso, o Orçamento Participativo e o programa de Governança Solidária Local caminham lado a lado no processo de democracia participativa de Porto Alegre.

Síntese

Diversos autores afirmam que a cidade brasileira passou a tomar forma a partir do século XVIII, com o desenvolvimento do comércio e da atividade manufatureira e artesanal, como local de moradia do fazendeiro e do grande produtor de açúcar, de álcool e de café, avançando para um modelo de industrialização que se fortaleceu com o processo de substituição de importações marcado por uma relação internacional de trocas desiguais que teve seu auge na década de 1970. Esse modelo passou a ser substituído por outro de abertura ao privado, de velocidade e de incertezas, ditadas pelo mercado, provocando uma reestruturação em esfera global sob a dinâmica financeira das formas de gestão e realização da riqueza, repercutindo sobremaneira nas aglomerações urbanas.

No final do século XX, esse modelo se estabeleceu fundamentado em parâmetros neoliberais que acompanham a reestruturação produtiva, impactando sobre a definição do uso e da ocupação do solo urbano sustentados no aparelho do Estado, com padrões importados de países desenvolvidos e aplicados a apenas uma parte das cidades brasileiras, o que provocou uma modernização incompleta que aprofundou a exclusão, colocando o país entre as sociedades mais desiguais do mundo e favorecendo um mercado imobiliário restrito e especulativo. O Estatuto da Cidade deu aos planos diretores responsabilidades sobre a regulação do uso do solo urbano por meio da aplicação dos instrumentos de política urbana como a Lei de Responsabilidade Fiscal (LRF), o Plano Plurianual (PPA), a Lei de Diretrizes Orçamentárias (LDO), a Lei Orçamentária Anual (LOA) e o Orçamento Participativo, que são mecanismos de gestão e de fiscalização essenciais para que a sociedade possa acompanhar o desenvolvimento econômico desse novo modelo de cidade do século XXI.

Indicações culturais

Filmes

BARÃO de Mauá: o imperador e o rei. 1999. Disponível em: <https://www.youtube.com/watch?v=P3WYECiqM0I>. Acesso em: 14 fev. 2016.

O filme mostra a infância, o enriquecimento e a falência de Irineu Evangelista de Souza (1813-1889), o empreendedor gaúcho mais conhecido como barão de Mauá, considerado o primeiro grande empresário brasileiro, responsável por uma série de iniciativas modernizadoras para a economia nacional ao longo do século XX. Mauá, um vanguardista em sua época, arrojado em sua luta pela industrialização do Brasil, atuou nos mais diversos setores da economia urbana.

CIDADE do silêncio. Disponível em: <https://www.youtube. com/watch?v=K4mNlPANc-E>. Acesso em: 14 fev. 2016.

Um filme baseado em fatos reais, mostra que, graças ao Tratado de Livre Comércio, empresas do mundo inteiro montaram fábricas no México, na fronteira com os Estados Unidos. Com mão de obra barata e isenção de impostos, essas companhias fabricam produtos a baixo custo, que são vendidos nos Estados Unidos. Nas mais de

mil fábricas de Juarez, um televisor é fabricado a cada três segun-
dos e um computador a cada sete. As fábricas contratam mulheres,
que aceitam salários menores e reclamam menos dos expedientes
longos e condições ruins de trabalho.

Site

BRASIL. Ministério das Cidades. Disponível em: <http://www.
cidades.gov.br/>. Acesso em: 14 fev. 2016.

Nesse site *estão disponíveis informações e notícias sobre as ci-*
dades que compõem o território nacional, bem como o texto do
Estatuto da Cidade.

Atividades de autoavaliação

1. (Enade – 2008) Analise as asserções a seguir:

   No mundo, estima-se que metade da população viva em aglomerados urbanos, em um processo de incremento contínuo,
   no qual já são contabilizadas 17 megacidades com mais de
   10 milhões de habitantes. As características da urbanização
   brasileira fazem com que o processo seja não um gerador de
   problemas ambientais, mas também um problema ambiental em si.

   Porque

   A urbanização cria não apenas novas paisagens, mas também
   novos ecossistemas, dependendo de grandes áreas externas
   para a obtenção de energia, alimentos, água e outros materiais.

   A respeito dessas asserções, assinale a opção correta:

a) As duas asserções são proposições verdadeiras, e a segunda é uma justificativa correta da primeira.

b) As duas asserções são proposições verdadeiras, e a segunda não é uma justificativa correta da primeira.

c) A primeira asserção é uma proposição verdadeira, e a segunda é uma proposição falsa.

d) A primeira asserção é uma proposição falsa, e a segunda é uma proposição verdadeira.

2. (Adaptada de Enade – 2011) É possível identificar várias áreas nas quais a urbanização se deve diretamente à consecução do agronegócio globalizado. Como é notório, a modernização e expansão destas atividades promovem o processo de urbanização e de crescimento das áreas urbanas, cujos vínculos principais se devem às inter-relações cada vez maiores entre campo e cidade. (ELIAS, D. Globalização e fragmentação do espaço agrícola do Brasil. **Scripta Nova**, v. X, n. 218 (03), 1º ago. 2006. Disponível em: <http://www.ub.edu/geocrit/sn/sn-218-03.htm>. Acesso em: 23 fev. 2016)

As inter-relações entre campo e cidade mencionadas no texto referem-se à presença de

a) atividades agrícolas nas cidades pequenas e médias do Brasil, como plantio de subsistência nas suas periferias.

b) trabalhadores urbanos nos campos, como meio de fuga dos problemas das cidades diante da globalização econômica.

c) serviços altamente especializados em algumas cidades, para atender às demandas de atividades agrícolas globalizadas, como a agricultura científica.

d) atividades urbanas nos espaços rurais, como bancos e cooperativas, que passam a financiar e comandar a produção agrícola globalizada.

3. As reformas neoliberais propostas pelo Consenso de Washington foram amplamente divulgadas pelas grandes corporações instaladas no país e pela mídia nacional, defendidas por partidos políticos conservadores e seguidas em todos os preceitos pelo governo brasileiro durante o final do século XX e início do XXI. Essas reformas contribuíram para:

a) a ampliação das desigualdades e das contradições sociais.

b) o aumento de assentamentos urbanos e rurais cada vez mais precários.

c) o aumento dos movimentos sociais, que passaram a imprimir maior movimentação por abertura política.

d) a criação de moradias populares, regularizando e urbanizando áreas irregulares.

4. (Adaptada de Enade – 2014)

Os artigos 182 e 183 da Constituição Federal estabelecem parâmetros para a política urbana, os quais estão regulamentados na Lei n. 10.257, de 10 de julho de 2001, o Estatuto da Cidade. De acordo com essa lei, avalie se cada um dos itens a seguir constitui uma diretriz para a elaboração da política urbana.

I. Planejamento do desenvolvimento das cidades.

II. Regularização fundiária e urbanização de áreas ocupadas por população de baixa renda.

III. Desapropriação de solo urbano para fins de constituição de zonas de interesse social.

IV. Instituição do imposto territorial progressivo para terrenos subutilizados nas zonas urbanas centrais da cidade.

V. Integração e complementaridade entre as atividades urbanas e rurais, tendo em vista o desenvolvimento socioeconômico do município e do território sob sua área de influência.

Estão corretos apenas os itens:

a) I,II e III

b) I, II e V

c) II, IV e V

d) III, IV e V

5. (Adaptada de Uerj – 2014) A análise da tabela permite estabelecer uma associação entre demografia e hierarquia urbana que pode ser formulada corretamente como:

As dez maiores cidades por população e PIB	
Segundo a população em 2000	Segundo o PIB em 1996 (posição segundo a população em 2000)
1. Tóquio	Tóquio (1)
2. Cidade do México	Nova York (3)
3. Nova York	Los Angeles (8)
4. Seul	Osaka (9)
5. São Paulo	Paris (25)
6. Mumbai	Londres (19)
7. Délhi	Chicago (26)
8. Los Angeles	São Francisco (35)
9. Osaka	Düsseldorf (46)
10. Jacarta	Boston (48)

Fonte: Davis, M. **Planeta favela**. São Paulo: Boitempo, 2006. Adaptado.

a) O país desenvolvido com maior população urbana abriga a metrópole mais rica.

b) A concentração de riqueza não apresenta relação direta com a população absoluta.

c) As megacidades são encontradas, sobretudo, na rede urbana dos países centrais.

d) Os aglomerados urbanos mais ricos não se localizam nas grandes megalópoles do planeta.

Atividades de aprendizagem

Questões para reflexão

1. O Congresso Nacional aprovou a Lei n. 10.257, em vigor desde 10 de outubro de 2001, conhecida como *Estatuto da Cidade*. Essa lei estabelece as diretrizes gerais da política urbana brasileira, fornecendo instrumentos urbanísticos para o desenvolvimento das funções sociais, do uso e da gestão da cidade.

   a) Aponte dois aspectos da urbanização brasileira, manifestados especialmente a partir da segunda metade do século XX, que produziram a necessidade de uma lei para orientar a política urbana do país.

   b) O Plano Diretor, instrumento de planejamento urbano que consta da Constituição de 1988, foi reforçado no Estatuto da Cidade e é obrigatório para algumas categorias de municípios brasileiros. Destaque duas diretrizes de planejamento urbano que o Plano Diretor do seu município pode adotar para que seja garantido o direito de todos à cidade.

2. A Lei n. 10.257, de 10 de julho de 2001, mais comumente chamada de Estatuto da Cidade, foi criada para regulamentar os artigos 182 e 183 da Constituição Federal, que tratam da política de desenvolvimento urbano e da função social da propriedade. Ou seja, o Estatuto da Cidade possui como maior objetivo democratizar a gestão das cidades brasileiras por meio de instrumentos de gestão.

Dessa forma, observando seu município e municípios limítrofes, pesquise quais são os mecanismos de participação da população na gestão democrática da cidade, na definição das políticas públicas e na garantia da função social da propriedade, que se constitui na proposição de uma nova interpretação para o princípio individualista do Código Civil, entre outros princípios.

Atividade aplicada: prática

Sabe-se que a Lei do Plano Diretor define a função social da cidade e da propriedade urbana, além de organizar o crescimento e o funcionamento do município. Consiste em um pacto sociopolítico da sociedade em direção a uma cidade mais humana, participativa, inovadora, inclusiva, funcional, sustentável e que ofereça qualidade de vida para a população. Deve apresentar uma visão de futuro para as próximas décadas, orientando o desenvolvimento do município. Pesquise no seu município qual a última revisão do Plano Diretor.

Considerações finais

Após mais de uma década no século XXI, é possível percebermos que o espaço urbano continua sendo produto de um processo de desenvolvimento extremamente longo, marcado por um impulso planetário dado por um modelo de industrialização que impactou o desenvolvimento e o crescimento urbano, transformando sua forma de acumulação, engendrada por um novo modelo de capitalismo, que ultrapassou as fronteiras dos países e se estabeleceu sobre as escalas mais abrangentes da vida econômica, social e política. A cidade – seja ela pequena ou média, seja uma grande metrópole – foi impactada por esse modelo e, cada vez mais, cada uma a sua maneira, continua sendo percebida como um ímã de atração de novas pessoas, novas oportunidades, trabalho e moradia.

Após a leitura deste livro, é provável que você passe a perceber que, com todo avanço na tecnologia da informação e da produção, ainda é possível encontrar territórios urbanos em áreas onde prevalece a agropecuária. Mesmo assim, as cidades continuam crescendo e se sustentando como grande atrativo para a população das áreas rurais, mantendo sua principal função urbana, que é a concentração do setor terciário – reunindo o maior número de postos de trabalho e superando a produção industrial, o principal chamariz por um longo período de tempo –, o que contribui para a extensão da mancha urbana. Essa extensão, que amplia o aglomerado urbano para além dos limites geográficos, cujas delimitações físicas são superadas pelo tempo, modificou a estrutura urbana e suas relações e se espalhou por outras localidades, inclusive os lugares mais distantes. Além de evidenciar necessidades comuns aos seus habitantes e difundir valores, formas de produzir, consumir e pensar antes restritos unicamente ao núcleo urbano, provocou a formação de novas estruturas urbanas, modificando as características e extrapolando a clássica definição de *cidade*.

A cidade não pode ser apresentada separadamente do urbano, dissociada da organização e da política. O modo de vida urbano inclui a vivência por meio de normas e regras estabelecidas dentro de um modelo de pensamento dominante na sociedade, estabelecendo-se em um território no qual estão presentes os principais focos e conflitos existentes, que se firmam no processo de interações e intervenções sociais. Portanto, o modo de vida urbano acontece pela prática socioespacial, em um processo histórico-social cumulativo, marcado pela divisão social do trabalho, relacionado com a forma de vivência nas cidades e ao modo como elas se apropriam do espaço urbano como elemento constitutivo e fundamental para sua existência.

Nesse modelo dominante, a cidade moderna é marcada por estratégias de valorização imobiliária que privilegiam o uso do solo urbano como efeito multiplicador dos lucros da classe capitalista, ampliando o processo de segregação social e espacial vivenciado nos grandes centros urbanos. Essa estratégia é marcada pela escassez de terrenos providos de infraestrutura, o que força a elevação dos preços da terra e inviabiliza sua aquisição pelos trabalhadores assalariados e pelos sem moradia. Essa conjuntura nacional e internacional favorece o processo de exclusão e de privilégios por estar repleta de programas governamentais que destinam recursos públicos para fomentar a construção de edifícios comerciais e escritórios, assim como inovações e transformações das áreas urbanas, facilitando a reprodução do capital financeiro e imobiliário.

Essa forma de construção do espaço urbano, conforme abordamos nos capítulos deste livro, vem se constituindo ao longo da história. No Brasil, desde a implantação dos primeiros planos de urbanização, realizados no início do século XX, buscou-se aplicar modelos de urbanização utilizados na Europa, como no caso do programa de higienização e de reforma urbana implementado no Rio de Janeiro, que teve como base o modelo utilizado pelo Barão de Haussmann na segunda metade do século XIX em Paris, na França. Por meio desse programa, o Estado, em conluio com a elite dominante, instituiu um processo de descentralização da cidade, proliferação dos subúrbios e segregação socioespacial. Desde então, é percebida a execução de planos e projetos de urbanização realizados sobre os fragmentos urbanos mais rentáveis, onde estão os grupos de maior poder econômico, favorecidos pela conversão do espaço urbano em território de atratividade do capital imobiliário e especulativo, que acentuam as desigualdades socioterritoriais preexistentes.

Ao discutirmos as grandes aglomerações, reforçamos neste livro a ideia de que a metrópole é aquela que estende as suas atividades para além do quadro espacial clássico e que concentra grande poder político, econômico e social. De acordo com as novas exigências de um modelo de globalização baseado em preceitos neoliberais, a metrópole vem se reestruturando em redes de corredores de serviços terciários e de financeirização, congregando múltiplas funções mediante o estabelecimento de relações econômicas com outras aglomerações – as quais são definidas pela influência internacional de suas empresas, de seus capitais, de suas universidades e das funções tradicionalmente regionais –, de onde extrai recursos e poder. No caso do Brasil, diversas cidades passam a ter padrão de metrópole, incorporando novos conteúdos associados às exigências desse modelo de globalização requeridos pelas grandes corporações nacionais e internacionais e por parte da população. Para se adaptar a essas novas exigências, são realizados ajustes que transformam as atividades de comércio e serviços de acordo com os padrões internacionais.

O que revela a cidade é a projeção da sociedade sobre um território, que preexiste à industrialização, mas se concebe como capitalista devido a um modelo de industrialização que necessita de espaços cada vez maiores para sua expansão. Essa cidade é a mesma que concentra geograficamente o excedente social e as operações das economias de escalas de aglomeração, nos quais estão presentes o poder e a classe dominantes e também aqueles que habitam territórios diversos da cidade, como os que dividem espaços com multidões de trabalhadores mal pagos nos bairros suburbanos e guetos, vivendo na informalidade e, muitas vezes, de forma miserável. Sendo assim, a cidade dispersa se apresenta como um aglomerado de construções diversas, redes de infraestruturas, centros comerciais e equipamentos públicos, com bairros e subúrbios mais ou menos interligados. Nos grandes centros urbanos, estão reunidas as sedes administrativas das corporações comerciais, industriais e financeiras e do poder, que, muitas vezes, são as grandes responsáveis por definir as condições de vida daqueles que dependem da cidade.

Essa dependência pode ser maior ou menor de acordo com o tamanho da cidade, da influência de tais instituições e, principalmente, da organização e da participação da sociedade nas decisões sobre a cidade. Os movimentos sociais, que já demonstraram inúmeras vezes capacidade para promover alterações nas formas de discussão e na definição dos destinos das cidades – haja vista os avanços obtidos com a Constituição de 1988 –, podem e devem, aliados aos setores que pretendem melhorar as condições de vida nas cidades, continuar sendo elementos de transformações e ruptura dessa nova ordem urbana, globalizante e neoliberal, que se apropria do território por meio de leis, normas e regras excludentes, gerando um espaço urbano social e economicamente injusto. Para isso, é necessário fortalecer os espaços de democracia participativa existentes, não deixando apenas nas mãos da democracia representativa os destinos da cidade.

Neste livro, procuramos destacar, pela contribuição de diferentes autores, a geografia urbana como aquela capaz de levá-lo a compreender os processos sociais, econômicos, políticos e ambientais que determinam a localização, o arranjo espacial e a evolução dos lugares urbanos de acordo com as mudanças sócio-históricas. Diante de uma urbanidade que não se restringe somente a uma materialização concreta de um modelo de produção vigente – marcado sobretudo por valores, expectativas, modo de pensar e estilo de vida –, você é convidado a refletir sobre as cidades e o urbano, conceitos marcados por dualidades e contradições, pois, ao mesmo tempo que se apresentam como territórios de grandes oportunidades de emprego, investimentos, desenvolvimento, modernidade e internacionalização, também apresentam territórios de fragmentação do espaço urbano e de exclusão social.

Referências

ABIKO, A. K.; ALMEIDA, M. A. P. de; BARREIROS, M. A. F. **Urbanismo**: história e desenvolvimento. São Paulo, 1995. 47 f. Trabalho Técnico – Departamento de Engenharia de Construção Civil, Escola Politécnica da Universidade de São Paulo. Disponível em: <http://reverbe.net/cidades/wp-content/uploads/2011/08/urbanismo-historiaedesenvolvimento.pdf>. Acesso em: 14 fev. 2016.

ABREU, I. G. de. Geografia urbana: questões sobre sua natureza e seu objeto. In: CARLOS, A. F. A. (Org.). **Os caminhos da reflexão sobre a cidade e o urbano**. São Paulo: Edusp, 1994. p. 129-135.

ABREU, L. F. de. **Problemas urbanos nas grandes cidades**. 6 nov. 2010. Disponível em: <http://www.slideshare.net/pegadafs/problemas-urbanos-nas-grandes-cidades>. Acesso em: 25 maio 2016.

ABREU, M. de A. A cidade da geografia no Brasil: percursos, crises, superações. In: OLIVEIRA, L. L. (Org.). **Cidade**: história e desafios. Rio de Janeiro: FGV, 2002. p. 43-59.

ALMEIDA, J. R. de et al. **Política e planejamento ambiental**. 3. ed. rev. e atual. Rio de Janeiro: Thex, 2009.

ARAÚJO, J. A. Sobre a cidade e o urbano em Henri Lefebvre. **GEOUSP – Espaço e Tempo**, São Paulo, n. 31, p. 133-142, 2012.

ASCHER, F. **Metápolis ou l'avenir des villes**. Paris: Éditions Odile Jacob, 1995.

ASCHER, F. **Metapolr's**: acerca do futuro da cidade. Tradução de Alvaro Domingos. Oeiras: Celta, 2012.

ASCHER, F. **Os novos princípios do urbanismo**. São Paulo: Romano Guerra, 2010.

ASSEN DE OLIVEIRA, L. **Rio Vermelho no seu vir-a-ser cidade**: estudo da dinâmica de organização espacial. 313 f. Dissertação (Mestrado em Arquitetura e Urbanismo) – Faculdade de Arquitetura e Urbanismo, Universidade de São Paulo, São Paulo, 1992.

AVRITZER, L. Sociedade civil e Estado no Brasil: da autonomia à interdependência política. **Opinião Pública**, Campinas, v. 18, n. 2, p. 383-398, nov. 2012. Disponível em: <http://www.scielo.br/pdf/op/v18n2/a06v18n2.pdf>. Acesso em: 13 fev. 2016.

AVRITZER, L.; NAVARRO, Z. (Ed.). **A inovação democrática no Brasil**: o orçamento participativo. São Paulo: Cortez, 2003.

BALTRUSIS, N. A valorização fundiária da propriedade urbana. **Cadernos Metrópole**, São Paulo, n. 16, p. 121-139, 2006.

BANDEIRA, M. **Poesia e prosa**. Rio de Janeiro: Aguilar, 1958. v. I.

BARCELLOS, T. M. de; MARMARELLA, R. Questões teóricas e metodológicas na pesquisa recente sobre as grandes cidades: notas para reflexão. **Ensaios FEE**, Porto Alegre, v. 22, n. 2, p. 248-269, 2001.

BARROS, J. D. **Cidade e história**. Petrópolis: Vozes, 2007.

BATISTA, P. N. **O consenso de Washington**: a visão neoliberal dos problemas latino-americanos. São Paulo: Pedex, 1994. (Cadernos da Dívida Externa, n. 6).

BENÉVOLO, L. **História da cidade**. São Paulo: Perspectiva, 1999.

BLAIKIE, P. et al. **At Risk**: Natural Hazards, People's Vulnerability, and Disasters. London: Routledge, 1994.

BORJA, J. Revolución y contrarrevolución en la ciudad global: las expectativas frustradas por la globalización de nuestras ciudades. **Eure: Revista Latinoamericana de Estudios Urbanos Regionales**, Santiago, v. 32, n. 100, dic. 2007.

BORSDORF, A. Cómo modelar el desarrollo y la dinámica de la ciudad latinoamericana. **Eure: Revista Latinoamericana de Estudios Urbanos Regionales**, Santiago, v. 29, n. 86, p. 37-49, mayo 2003.

BRASIL. Constituição (1988). **Diário Oficial da União**, Brasília, DF, 5 out. 1988. Disponível em: <http://www.planalto.gov.br/ccivil_03/Constituicao/Constituicao.htm>. Acesso em: 13 fev. 2016.

BRASIL. **Estatuto da Cidade**: guia para implementação pelos municípios e cidadãos – Lei n. 10.257, de 10 de julho de 2001, que estabelece diretrizes gerais da política urbana. 2. ed. Brasília: Câmara dos Deputados, Coordenação de Publicações, 2002.

BRASIL. Lei Complementar n. 101, de 4 de maio de 2000. **Diário Oficial da União**, Poder Legislativo, Brasília, DF, 4 maio 2000. Disponível em: <http://www.planalto.gov.br/ccivil_03/leis/LCP/Lcp101.htm>. Acesso em: 23 abr. 2016.

BRASIL. Lei n. 10.257, de 10 de julho de 2001. **Diário Oficial da União**, Poder Legislativo, Brasília, DF, 11 jul. 2001. Disponível em: <http://www.planalto.gov.br/ccivil_03/leis/LEIS_2001/L10257.htm>. Acesso em: 13 fev. 2016.

BRASIL. Lei n. 12.651, de 25 de maio de 2012. **Diário Oficial da União**, Poder Legislativo, Brasília, DF, 28 maio 2012. Disponível em: <http://www.planalto.gov.br/ccivil_03/_ato2011-2014/2012/lei/l12651.htm>. Acesso em: 9 maio 2016.

BRITO, F. A. de; PINHO, B. A. T. D. de. **A dinâmica do processo de urbanização no Brasil, 1940-2010**. Texto para discussão n. 464. Belo Horizonte: UFMG; Cedeplar, 2012. Disponível em: <http://cedeplar.ufmg.br/pesquisas/td/TD%20464.pdf>. Acesso em: 14 fev. 2016.

CALVINO, Í. As cidades invisíveis. São Paulo: Companhia das Letras, 1990.

CARLOS, A. F. A. **A condição espacial**. São Paulo: Contexto, 2011a.

CARLOS, A. F. A. **A (re)produção do espaço urbano**. São Paulo: Edusp, 1994.

CARLOS, A. F. A. Da "organização" à "produção" do espaço

no movimento do pensamento geográfico. In: CARLOS, A. F. A.; SOUZA, M. L. de; SPOSITO, M. E. B. (Org.). **A produção do espaço urbano**: agentes e processos, escalas e desafios. São Paulo: Contexto, 2011b. p. 53-73.

CARLOS, A. F. A. **O espaço urbano**: novos escritos sobre a cidade. São Paulo: FFLCH, 2007. Disponível em: <http://gesp.fflch.usp.br/sites/gesp.fflch.usp.br/files/Espaco_urbano.pdf>. Acesso em: 13 fev. 2016.

CARLOS, A. F. A.; SOUZA, M. L. de; SPOSITO, M. E. B. (Org.). **A produção do espaço urbano**: agentes e processos, escalas e desafios. São Paulo: Contexto, 2011.

CARVALHO, C. S.; ROSSBACH, A. (Org.). **O estatuto da cidade comentado**. São Paulo: Ministério das Cidades; Aliança das Cidades, 2010. Disponível em: <http://www.cidades.gov.br/images/stories/ArquivosSNPU/Biblioteca/PlanelamentoUrbano/EstatutoComentado_Portugues.pdf>. Acesso em: 14 fev. 2016.

CHILDE, G. The urban revolution. In: SABLOFF, J. A.; LAMBERG-KARLOVSKY, C. C. (Ed.). **The Rise and Fall of Civilizations**. California: Cummings Publishing Company, 1974. p. 6-14.

CHRISTALLER, W. **Central Places in Southern Germany**. New Jersey: Prentice-Hall, 1966.

CIDADE – Centro de Assessoria e Estudos Urbanos. **Quem é o público do orçamento participativo**: seu perfil, por que participa e o que pensa do processo. Porto Alegre, 2003. Disponível em: <http://ongcidade.org/acervo/contato-publicacoes/acervo.php?pagina=16>. Acesso em: 7 mar. 2016.

CIDADES E TURISMO. **As maiores cidades do mundo** – 2011. 22 jul. 2012. Disponível em: <http://www.cidadesturismo.com/2012/07/as-maiores-cidades-do-mundo-2011.html>. Acesso em: 14 fev. 2016.

CLARK, D. **Introdução à geografia urbana**. São Paulo: Difel, 1985.

CNUMAD – Conferência das Nações Unidas sobre o Meio Ambiente e o Desenvolvimento. **Agenda 21 global**. Rio de Janeiro, 1992.

COBOS, E. P. Mundilialización neo-liberal, cambio urbanos y políti-cas estatales en América Latina. **Cadernos Metrópole**, São Paulo, v. 12, n. 24, p. 507-533, jul./dez. 2010.

COBOS, E. P.; LÓPEZ, L. M. Presente y futuro de las metrópolis de América Latina. **Cadernos Metrópole**, São Paulo, n. 18, p. 173-206, 2007.

CONFALONIERI, U. E. C. Variabilidade climática, vul-nerabilidade social e saúde no Brasil. **Revista Terra Livre**, São Paulo, v. 1, ano 19, n. 20, p. 193--204, jan./jul. 2003.

CORRÊA, R. L. Construindo o conceito de cidade média. In: SPOSITO, M. E. B. (Org.). **Cidades médias**: espaços em transição. São Paulo: Expressão Popular, 2007. p. 23-33.

CORRÊA, R. L. **Estudos sobre a rede urbana**. Rio de Janeiro: Bertrand do Brasil, 2006

CORRÊA, R. L. **O espaço urbano**. São Paulo: Ática, 1989.

CORRÊA, R. L. Rede urbana: refle-xões, hipóteses e questiona-mentos sobre um tema negli-genciado. **Cidades**, Presidente Prudente, vol. 1, n. 1, p. 65-78, 2004.

CORRÊA, R. L. **Trajetórias geo-gráficas**. 3. ed. Rio de Janeiro: Bertrand Brasil, 2005.

CORREIA, P. D. **Políticas de solos no planejamento municipal**. 2. ed. Lisboa: Fundação Calouste Gulbenkian, 2002.

COULANGES, F. **A cidade antiga**. 11. ed. Lisboa: Clássica, 1988.

DAVIS, M. **Planeta favela**. São Paulo: Boitempo, 2006.

DESCHAMPS, M. V. **Vulnerabilidade socioam-biental na região metro-politana de Curitiba/PR**. 192 f. Tese (Doutorado em Meio Ambiente e Desenvolvimento) – Universidade Federal do Paraná, Curitiba, 2004.

DI MÉO, G. Introdução ao debate sobre a metropolização: uma chave de interpretação para compreender a organização contemporânea dos espaços geográficos. **Confins: Revista Franco-brasileira de Geografia**, v. 4, nov. 2008. Disponível em: <http://confins.revues.org/index5433.html>. Acesso em: 14 fev. 2016.

DUARTE, F. **Planejamento urbano**. 2. ed. Curitiba: Ibpex, 2007.

DUBOIS-MAURY, J.; CHALINE, C. **Les risques urbains**. Paris: Armand Colin, 2002.

ELIADE, M. **O sagrado e o profano**: a essência das religiões. Lisboa: Edição Livros do Brasil, 1962.

FAGUNDES, J. R. **Promoção imobiliária e geografia de centralidades**: um estudo da oferta de imóveis residenciais novos em Porto Alegre (1999-2010). 137 f. Dissertação (Mestrado em Planejamento Urbano e Regional) – Universidade Federal do Rio Grande do Sul, Porto Alegre, 2011.

FAISSOL, S. **O espaço, território, sociedade e desenvolvimento brasileiro**. Rio de Janeiro: IBGE, 1994.

FEDOZZI, L. **Observando o orçamento participativo de Porto Alegre**: análise histórica de dados – perfil social e associativo, avaliação e expectativas. Porto Alegre: Tomo Editorial, 2007.

FEDOZZI, L. **O poder da aldeia**: gênese e história do orçamento participativo de Porto Alegre. Porto Alegre: Tomo Editorial, 2000.

FERREIRA, A. B. de H. **Novo Aurélio século XXI**: o dicionário da língua portuguesa. 3. ed. Rio de Janeiro: Nova Fronteira, 1999.

FIGUEIREDO, V. D. M. **População e qualidade de vida urbana em Santa Maria, RS**. Estudo de Caso: Bairro Urlândia. 197 f. Dissertação (Mestrado em Organização do Espaço) – Universidade do Estado de São Paulo, Rio Claro, 2001.

FIRKOWSKI, O. L. C. de F. A nova lógica de localização industrial no aglomerado metropolitano de

Curitiba. **Revista Paranaense de Desenvolvimento**, Curitiba, n. 103, p. 79-100, jul./dez. 2002.

FIRKOWSKI, O. L. C. de F. Internacionalização e novos conteúdos de Curitiba. **Revista Paranaense de Desenvolvimento**, Curitiba, n. 107, p. 93-107, jul./dez. 2004.

FIRKOWSKI, O. L. C. de F. Por que as regiões metropolitanas no Brasil são regiões, mas não são metropolitanas. **Revista Paranaense de Desenvolvimento**, Curitiba, n. 122, p. 19-38, jan./jun. 2012.

FURTADO, F. Recuperação de mais-valias fundiárias urbanas: reunindo os conceitos envolvidos. In: SANTORO, P. (Org.). **Gestão social da valorização da terra**. São Paulo: Instituto Polis, 2004. p. 53-68. (Cadernos Pólis, 9).

GARCIAS, C. M.; SANCHES, A. M. Vulnerabilidades socioambientais e as disponibilidades hídricas urbanas: levantamento teórico-conceitual e análise aplicada à Região Metropolitana de Curitiba - PR. **Revista de Pesquisa em Arquitetura e Urbanismo**, Curitiba, v. 2, n. 3, p. 96-111, 2009.

GEORGE, P. **Geografia urbana**. São Paulo: Difel, 1983.

GONÇALVES, H. L. **Uma visão crítica do orçamento participativo**. Rio de Janeiro: Lumen Juris, 2005.

GOTTDIENER, M. **A produção social do espaço urbano**. São Paulo: Edusp, 1997.

GRAZIA, G.; QUEIROZ, L. L. et al. **O desafio da sustentabilidade urbana**. Rio de Janeiro: Fase/Ibase, 2001. (Série Cadernos Temáticos, n. 5).

GUEDES, J. F. de C.; PORTELLA, R. B. Cidade média e centralidade: o exemplo de Barreiras, BA. In: SIMPÓSIO REGIONAL DE GEOGRAFIA DO CERRADO, 1., 2010, Barreiras. **Anais**... Barreiras, 2010.

GUIMARÃES, R. B. et al. (Org.). **Geografia**. São Paulo: Cultura Acadêmica/ Unesp/ Nead, 2013. (Coleção Temas de Formação, v. 2).

HARVEY, D. **A justiça social e a cidade**. Tradução de Armando Corrêa da Silva. São Paulo: Hucitec, 1973.

HARVEY, D. **A justiça social e a cidade**. São Paulo: Hucitec, 1980.

HARRIS, C. D.; ULLMAN, E. L. The Nature of Cities. **Annals of the American Academy of Political and Social Science**, n. 242, p. 7-17, 1945.

HOBSBAWM, E. **A era dos extremos**: o breve século XX – 1914-1991. São Paulo: Companhia das Letras, 1995.

IBAMA – Instituto Brasileiro do Meio Ambiente e dos Recursos Naturais Renováveis. **Qualidade ambiental**. Disponível em: <http://www.ibama.gov.br/areas-tematicas/qualidade-ambiental>. Acesso em: 9 maio 2016.

IBGE – Instituto Brasileiro de Geografia e Estatística. **Sinopse do censo demográfico 2010**. Disponível em: <http://www.censo2010.ibge.gov.br/sinopse/>. Acesso em: 14 fev. 2016.

IBGE – Instituto Brasileiro de Geografia e Estatística. **Síntese de indicadores 2005**. Disponível em: <http://www.ibge.gov.br/home/estatistica/populacao/trabalhoerendimento/pnad2005/>. Acesso em: 7 mar. 2016.

INEP – Instituto Nacional de Estudos e Pesquisas Educacionais Anísio Teixeira. **Provas e gabaritos**. 2008. Disponível em: <http://portal.inep.gov.br/enade/provas-e-gabaritos-2008>. Acesso em: 14 fev. 2016.

IPARDES – Instituto Paranaense de Desenvolvimento Econômico e Social. **Paraná em números**. Disponível em: <http://www.ipardes.gov.br/index.php?pg_conteudo=1&cod_conteudo=1>. Acesso em: 14 fev. 2016.

IPEA – Instituto de Pesquisa Econômica Aplicada. Disponível em: <http://www.ipea.gov.br/>. Acesso em: 14 fev. 2016.

IPEA - Instituto de Pesquisa Econômica Aplicada. **Configuração atual e**

tendências da rede urbana. Brasília: Ipea, 2002a. (Série Caracterização e tendências da rede urbana do Brasil, v. 1). Disponível em: <http://www.ipea.gov.br/portal/index.php?option=com_content&view=article&id=18261>. Acesso em: 14 fev. 2016.

IPEA – Instituto de Pesquisa Econômica Aplicada. **Estudos básicos para caracterização da rede urbana**. Brasília: Ipea, 2002b. (Série Caracterização e tendências da rede urbana do Brasil, v. 2). Disponível em: <http://www.ipea.gov.br/portal/images/stories/PDFs/livros/livros/livro_caracterizacao_tendencias_v02.pdf>. Acesso em: 9 mar. 2016.

ISARD, W. **Location and Space Economy**: a General Theory Relating to Industrial Location, Market Areas, Land Use, Trade, and Urban Structure. New York: John Wiley; Mit Press, 1956.

JACOBI, P. Movimento ambientalista no Brasil: representação social e complexidade da articulação das práticas coletivas. In: RIBEIRO, W. (Org.). **Patrimônio ambiental**. São Paulo: Edusp, 2003. p. 519-543.

JESUS, T. S. de; SOUZA, R. M. E. Ambiente urbano e qualidade de vida: uma análise da (in) sustentabilidade na cidade de Nossa Senhora da Glória/SE. **Scientia Plena**, v. 3, n. 5, p. 133-141, 2007. Disponível em: <http://www.scientiaplena.org.br/sp/article/view/1198/614>. Acesso em: 7 mar. 2016.

JORDÃO FILHO, R. da S.; OLIVEIRA, T. S. M. de. Planejamento e sustentabilidade urbana. **Caderno Organização Sistêmica**, v. 3, n. 2, p. 54-65, jul./dez 2013.

JORGENSEN, P. **A braços com as peculiaridades da mercadoria terra urbana**. 10 jan. 2012. Disponível em: <http://abeiradourbanismo.blogspot.com.br/2012/01/bracos-com-as-peculiaridades-da.html>. Acesso em: 7 mar. 2016.

KAZTMAN, R.; RIBEIRO, L. C. de Q. Metrópoles e sociabilidade: os impactos das transformações socioterritoriais das grandes cidades na coesão social dos países da América Latina. **Cadernos Metrópole**, São Paulo, n. 20, p. 241-261, jul./dez. 2008.

KEYNES, J. M. **Teoria geral do emprego, do juro e da moeda**. São Paulo: Nova Cultural, 1986. (Coleção Os Economistas).

KLINK, J. J. Novas governanças para as áreas metropolitanas: o panorama internacional e as perspectivas para o caso brasileiro. **Cadernos Metrópole**, São Paulo, v. 11, n. 22, p. 415-433, jul./dez. 2009.

LAMAS, J. M. R. G. **Morfologia urbana e desenho da cidade**. Porto: Fundação Calouste Gulbenkian, 2004.

LEFEBVRE, H. **A revolução urbana**. Belo Horizonte: UFMG, 1999.

LEFEBVRE, H. **Espacio y política**: el derecho a la ciudad II. Barcelona: Península, 1972.

LEFEBVRE, H. **O direito à cidade**. São Paulo: Documentos, 1969.

LEFEBVRE, H. **O direito à cidade**. São Paulo: Centauro, 2001.

LEFÈVRE, C. Governar as metrópoles: questões, desafios e limitações para construção de novos territórios políticos. **Cadernos Metrópole**, São Paulo, v. 11, n. 22, p. 299-318, jul./dez. 2009.

LEITE, F. C. de L.; ANJOS, F. A. dos. A aplicabilidade dos elementos da morfologia urbana como categorias da leitura da cidade: o estudo do Plano Piloto de Brasília. ENCONTRO NACIONAL DOS GEÓGRAFOS, 16., 2010, Porto Alegre. **Anais**... Porto Alegre, 2010.

LEITE, M. E. **Geoprocessamento aplicado ao estudo do espaço urbano**: o caso da cidade de Montes Claros – MG. 219 f. Dissertação (Mestrado em Geografia) – Universidade Federal de Uberlândia, Uberlândia, 2006.

LEME, M. C. da S.; FERNANDES, A.; FILGUEIRA, G. M. A. (Org.). **Urbanismo no Brasil**: 1895-1965. São Paulo: Studio Nobel; FAU USP; Fupam, 1999.

LENCIONE, S. Observações sobre o conceito de cidade e urbano.

Geousp – Espaço e Tempo, São Paulo, n. 24, p. 109-123, 2008.

LIMA, J. de. **Poesia completa**. Rio de Janeiro: Nova Aguilar, 1997.

LIMA, M. E. F. **Produção do espaço urbano e impactos socioambientais na cidade de Manacapuru–AM**: o bairro do Biribiri. 154 f. Dissertação (Mestrado em Geografia) – Universidade de São Paulo, São Paulo, 2011.

LIMONAD, E. Reflexões sobre o espaço, o urbano e a urbanização. **Geographia: Revista da Pós-Graduação de Geografia da UFF**, Niterói, ano 1, n. 1, p. 71-91, 1999.

LYNCH, K. **A imagem da cidade**. São Paulo: Martins Fontes, 1997.

MARICATO, E. As ideias fora do lugar e o lugar fora das ideias. In: ARANTES, O.; VAINER, C.; MARICATO, E. **A cidade do pensamento único**: desmanchando consensos. Petrópolis: Vozes, 2000. p. 121-192.

MARICATO, E. **Brasil, cidades**: alternativas para a crise urbana. 7. ed. Petrópolis: Vozes, 2013.

MARICATO, E. Conhecer para resolver a cidade ilegal. In: CASTRIOTA, L. B. (Org.). **Urbanização brasileira**: redescobertas. Belo Horizonte: Arte, 2003. p. 78-96.

MARX, K. **O capital**. São Paulo: Nova Cultural, 1996. v. 1.

MATOS, G. de. **Obra poética**. Rio de Janeiro: Record, 1990. v. 2.

MENDES, M. **Poesia completa e prosa**. Rio de Janeiro: Nova Aguilar, 1994.

MENDONÇA, F. Geografia socioambiental. In: MENDONÇA, F.; KOZEL, S. **Elementos de epistemologia da geografia contemporânea**. Curitiba: Ed. da UFPR, 2009. p. 121-144.

MENDONÇA, F. (Org.). **Impactos socioambientais urbanos**. Curitiba: Ed. da UFPR, 2004.

MONTE-MÓR, R. L. de M. Planejamento urbano no Brasil: emergência e consolidação. **Etc..., espaço, tempo e crítica**: Revista Eletrônica de Ciências Humanas e Sociais, Minas Gerais, v. 1, n. 1, p. 71-96, 15 jun. 2007.

MOURA, M. E. et al.
Desenvolvimento regional. In:
ENCONTRO DE GEÓGRAFOS DA
AMÉRICA LATINA, 10., São Paulo,
2005. **Anais**... Disponível em:
<http://observatoriogeografico
americalatina.org.mx/egal10/
Geografiasocioeconomica/
Ordenamientoterritorial/31.
pdf>. Acesso em: 7 mar. 2016.

MOURA, R.; ULTRAMARI, C. (Org.).
Conceitos e leis sobre o espaço
urbano-regional. In: MOURA,
R.; ULTRAMARI, C. **Metrópole**:
grande Curitiba – teoria e prática. Curitiba: Ipardes, 1994a.
p. 123-132.

MOURA, R.; ULTRAMARI, C.
Periferias das cidades: um texto preliminar. In: MOURA, R.;
ULTRAMARI, C. **Metrópole**:
grande Curitiba – teoria e prática. Curitiba: Ipardes, 1994b.
p. 35-54.

MUMFORD, L. **A cidade na história**:
suas origens transformações e
perspectivas. 4. ed. São Paulo:
Martins Fontes, 1998.

OLIVEIRA, F. de. **Crítica à razão
dualista / o ornitorrinco**. São
Paulo: Boitempo, 2013.

OLIVEIRA, L. L. (Org.). **Cidade**: história e desafios. Rio de Janeiro:
FGV, 2002.

OLIVEIRA, R. F. de. **Comentários ao
Estatuto da Cidade**. São Paulo:
Revista dos Tribunais, 2002.

ORELLANA, A. La gobernabilidad
metropolitana de Santiago: la
dispar relación de poder de
los municipios. **Eure: Revista
Latinoamericana de Estudios
Urbanos Regionales**, Santiago,
v. 35, n. 104, p. 1-20, abr. 2009.

PANERAI, P. Paisaje urbano y analisis pictórico. In: **Elementos de
analisis urbano**. Tradução de
Juan Vioque Lozano. Madrid:
Instituto de Estúdios de
Administracion Local, 1983.
p. 159-178.

PIOLI, M. S. M. de B.; ROSSIN, A. C.
O meio ambiente e a ocupa-
ção irregular do espaço urbano.
**Revista Brasileira de Ciências
Ambientais**, São Paulo, n. 3,
p. 40-56, abr. 2006.

PIRES, V. **Orçamento participativo**: o que é, para que serve, como se faz. Barueri: Manole, 2001.

PROGRAMA CIDADES SUSTENTÁVEIS. **Habitat III –** Terceira Conferência das Nações Unidas sobre moradia e desenvolvimento urbano sustentável. Disponível em: <http://www.cidadessustentaveis.org.br/habitat-iii-terceira-conferencia-das-nacoes-unidas-sobre-moradia-e-desenvolvimento-urbano>. Acesso em: 14 fev. 2016.

QUINTO JUNIOR, L. de P. Nova legislação urbana e os velhos fantasmas. **Revista Estudos Avançados**, São Paulo, v. 17, n. 47, p. 187-196, 2003.

RAMOS, F. R. **Análise espacial de estruturas intraurbanas**: o caso de São Paulo. 142 f. Dissertação (Mestrado em Sensoriamento Remoto) – Instituto Nacional de Pesquisas Espaciais do Ministério da Ciência e da Tecnologia, São José dos Campos, 2002.

REANI, R. T. **Geografia urbana**. Batatais: Claretiano, 2013.

REANI, R. T.; SEGALLA, R. A situação do esgotamento sanitário na ocupação periférica de baixa renda em áreas de mananciais: consequências ambientais no meio urbano. In: ENCONTRO DA ASSOCIAÇÃO NACIONAL DE PÓS-GRADUAÇÃO E PESQUISA EM AMBIENTE E SOCIEDADE (ANPPAS), 3., 2006. **Anais**... Brasília, 2006.

REGO, R. L.; MENEGUETTI, K. S. A respeito de morfologia urbana: tópicos básicos para estudos da forma da cidade. **Acta Scientiarum Technology**, Maringá, v. 33, n. 2, p. 123-127, 2011. Disponível em: <http://periodicos.uem.br/ojs/index.php/ActaSciTechnol/article/viewFile/6196/6196>. Acesso em: 14 fev. 2016.

RIANI, F. **Economia do setor público**: uma abordagem introdutória. 5. ed. São Paulo, LTC, 2009.

ROCHA, A. A. A morfologia urbana no contexto da produção do espaço geográfico. In: ENCONTRO

NACIONAL DOS GEÓGRAFOS, 16., 2010, Porto Alegre. **Anais**... Disponível em: <http://www.agb.org.br/xvieng/anais/edp.php>. Acesso em: 7 mar. 2016.

ROLNIK, R. **A cidade e a lei**: legislação, política urbana e territórios na cidade de São Paulo. São Paulo: Studio Nobel; Fapesp, 1997.

ROLNIK, R. **O que é cidade**. São Paulo: Brasiliense, 1988. (Coleção Primeiros Passos, n. 203).

ROSENDAHL, Z. O sagrado e o urbano: gênese e função das cidades. **Espaço e Cultura**, Rio de Janeiro, Edição Comemorativa, p. 67-79, 1993-2008.

SACHS, I. Estratégias de transição para o século XXI: desenvolvimento e meio ambiente. In: BURSZTYN, M. (Org.). **Para pensar o desenvolvimento sustentável**. São Paulo: Brasiliense, 1993. p. 29-56.

SANDRONI, P. **Dicionário de economia do século XXI**. Rio de Janeiro: Record, 2007.

SANTORO, P.; CYMBALISTA, R.; LEVY, M. Estatuto da Cidade: uma leitura sob a perspectiva da recuperação da valorização fundiária. In: SANTORO, P. (Org.). **Gestão social da valorização da terra**. São Paulo: Instituto Pólis, 2004. p. 14-38. (Cadernos Pólis).

SANTOS, M. **A natureza do espaço**: técnica e tempo, razão e emoção. São Paulo: Hucitec, 1996.

SANTOS, M. **A urbanização brasileira**. São Paulo: Edusp, 2013.

SANTOS, M. **Manual de geografia urbana**. 3. ed. São Paulo: Edusp, 2008a.

SANTOS, M. **Metrópole corporativa fragmentada**: o caso de São Paulo. São Paulo: Nobel, 1990.

SANTOS, M. **O espaço dividido**. São Paulo: Edusp, 2008b.

SANTOS, M. O retorno do território. In: SANTOS, M.; SOUZA, M. A. de; SILVEIRA, M. L. (Org.). **Território**: globalização e fragmentação. 2. ed. São Paulo: Hucitec, 1986. p. 15-20.

SANTOS, M. **Por uma outra globalização**: do pensamento único à consciência universal. Rio de Janeiro: Record, 2000.

SANTOS, M. **Técnica, espaço, tempo**: globalização e meio técnico-científico informacional. São Paulo: Hucitec, 1994a.

SANTOS, M. Tendências da urbanização brasileira no fim do século XX. In: CARLOS, A. F. A. (Org.). **Os caminhos da reflexão sobre a cidade e o urbano**. São Paulo: Edusp, 1994b. p. 117-126.

SÃO PAULO (Prefeitura Municipal). SMDU – Secretaria Municipal de Desenvolvimento Urbano. Decreto n. 55.638, de 30 de outubro de 2014. **Diário Oficial da Cidade de São Paulo**, São Paulo, SP, 31 out. 2014. Disponível em: <http://gestaourbana.prefeitura.sp.gov.br/wp-content/uploads/2014/11/GatewayPDF.pdf>. Acesso em: 24 fev. 2016.

SASSEN, S. **A Sociology of Globalization**. New York: W. W. Norton, 2007

SCARLATO, F. C. População e urbanização brasileira. In: ROSS, J. L. S. **Geografia do Brasil**. São Paulo: Edusp, 1995. p. 381-465.

SCHUMPETER, J. A. **Teoria do desenvolvimento econômico**. São Paulo: Nova Cultural, 1986. (Coleção Os Economistas).

SCOTT, A. J. As cidades da terceira onda. In: PACHECO, S. M. M.; MACHADO, M. S. (Org.). **Globalização, políticas públicas e reestruturação territorial**. Rio de Janeiro: 7 Letras, 2012. p. 13-51.

SERRES, M. (Ed). **Elementos para uma história das ciências:** do fim da Idade Média a Lavoisier. 5. ed. Lisboa: Terramar, 1989. v. 2.

SILVA, J. A. da. **Direito urbanístico brasileiro**. São Paulo: Malheiros, 2006.

SILVA, L. S.; TRAVASSOS, L. Problemas ambientais urbanos: desafios para a elaboração de políticas públicas integradas. **Cadernos Metrópole**, São Paulo, v. 19, p. 27-47, 2008.

SINGER, P. **A crise do milagre**. São Paulo: Paz e Terra, 1976.

SINGER, P. **Curso de introdução à economia política**. 17. ed. Rio de Janeiro: Forense Universitária, 2000.

253

SINGER, P. **Economia política da urbanização**. São Paulo: Brasiliense, 1973.

SJOBERG, G. **The Pré-Industrial City**: Past and Presente. University of Texas: Glencoe Free Press, 1960.

SMOLKA, M. O. **Preço da terra e valorização imobiliária urbana**: esboço para o enquadramento conceitual da questão. São Paulo: Ipea, 1979.

SOUTO, I. Apenas 19 municípios brasileiros conseguiram gerar receitas maiores que transferências. **Jornal Estado de Minas**, 21 dez. 2014. Disponível: <http://www.em.com.br/app/noticia/politica/2014/12/21/interna_politica,601439/receita-que-vem-da-terra.shtml>. Acesso em: 14 fev. 2016.

SOUZA, M. L. de. **ABC do desenvolvimento urbano**. 6. ed. Rio Janeiro: Bertrand Brasil, 2003.

SPOSITO, M. E. B. A produção do espaço urbano: escalas, diferenças e desigualdades socioespaciais. In: CARLOS, A. F. A.; SOUZA, M. L. de; SPOSITO, M. E. B. (Org.). **A produção do espaço urbano**: agentes e processos, escalas e desafios. São Paulo: Contexto, 2011. p. 123-145.

SPOSITO, M. E. B. **Capitalismo e urbanização**. 14. ed. São Paulo: Contexto. 2004.

SPOSITO, M. E. B. O centro e as formas de expressão da centralidade urbana. **Revista de Geografia da Unesp**, São Paulo, v. 10, p. 1-18, 1991.

SPOSITO, M. E. B. **O chão em pedaços**: urbanização, economia e cidades no estado de São Paulo. 565 f. Tese (Livre Docência em Geografia) – Universidade Estadual Paulista, Presidente Prudente, 2004.

SPOSITO, M. E. B. Reestruturação urbana e segregação socioespacial no interior paulista. COLÓQUIO INTERNACIONAL DE GEOCRÍTICA, 9., 2007, Porto Alegre. **Anais**... Porto Alegre: Universidade Federal do Rio Grande do Sul, 2007. Disponível: <http://www.ub.edu/geocrit/9porto/encarna.htm>. Acesso em: 9 maio 2016.

SUGUIO, K. **Dicionário de geologia sedimentar e áreas afins**. Rio de Janeiro: Bertrand Brasil, 1998.

TUAN, Yi-Fu. **Topofilia**: um estudo da percepção, atitudes e valores do meio ambiente. São Paulo: Difel, 1980.

TUCCI, C. E. M. Águas urbanas. **Estudos Avançados**, São Paulo, v. 22, n. 63, p. 1-16, 2008.

UNICAMP – Universidade Estadual de Campinas; FEC – Faculdade de Engenharia Civil, Arquitetura e Urbanismo; Labinur – Laboratório de Investigações Urbanas. **Estatuto das Cidades:** para compreender. Disponível em: <http://www.fec.unicamp. br/~labinur/Estatuto_comp. html>. Acesso em: 15 fev. 2016.

VIEIRA, A. D. et al. Estudos recentes sobre a rede urbana brasileira: diferenças e complementaridades. **Revista Brasileira de Estudos Urbanos e Regionais**, Rio de Janeiro, v. 13, n. 2, p. 55-70, nov. 2011. Disponível em: <http://repositorio.unb. br/bitstream/10482/12184/1/ ARTIGO_EstudosRecentesSobre. pdf>. Acesso em: 13 fev. 2016.

VILLAÇA, F. **Espaço intraurbano no Brasil**. São Paulo: Studio Nobel; Fapesp, 1998.

VILLAÇA, F. **Reflexões sobre as cidades brasileiras**. São Paulo: Studio Nobel, 2012.

VILLAÇA, F. Uma contribuição para a história do planejamento urbano no Brasil. In: DEÁK, C.; SCHIFFER, S. R. (Org.). **O processo de urbanização no Brasil**. São Paulo: Edusp, 1999. p. 169-243.

VOLKWEIS, R. S. **A presença portuguesa no processo de formação das cidades do Brasil meridional**: a questão da origem açoriana de Triunfo – RS. 144 f. Dissertação (Mestrado em Planejamento Urbano e Regional) – Universidade Federal do Rio Grande do Sul, Porto Alegre, 2011.

WHITACKER, A.; MIYAZAKI, V. O estudo das formas da cidade no âmbito da geografia urbana: apontamentos metodológicos. **Geografia e Ordenamento do Território**, n. 2, p. 307-327, dez. 2012.

Bibliografia comentada

SANTOS, M. **Manual da geografia urbana**. 3. ed. São Paulo: EdUSP, 2008.

Essa obra é uma das importantes contribuições do professor Milton Santos ao ensino da geografia urbana, apresentada no manual em 15 grandes capítulos. A exemplo das inúmeras outras obras da grande produção intelectual desse geógrafo, esse manual apresenta uma perspectiva tanto conceitual quanto metodológica. Embora os dados estatísticos não sejam atualizados, a obra permite compreender os processos de crescimento urbano, cujas consequências o autor já preconizava. Desse modo, temas como crescimento populacional de urbes industrializadas e não industrializadas, suas estruturas sociais, migrações, seu crescimento econômico, bem como a morfologia do tecido urbano, são tratados com a acuidade analítica que caracteriza o autor.

Respostas

Capítulo 1

Atividades de autoavaliação

1. b

2. b

3. c

4. c

5. d

Capítulo 2

Atividades de autoavaliação

1. c

2. c

3. b

4. a

5. c

Capítulo 3

Atividades de autoavaliação

1. d

2. c

3. c

4. a

5. d

Capítulo 4

Atividades de autoavaliação

1. b

2. c

3. b

4. d

5. d

Capítulo 5

Atividades de autoavaliação

1. a

2. d

3. a

4. b

5. a

Sobre os autores

Renata Adriana Garbossa Silva é licenciada e bacharel em Geografia pela Universidade Estadual do Oeste do Paraná (Unioeste), mestre em Geologia Ambiental pela Universidade Federal do Paraná (UFPR) e doutora pelo Programa de Pós-Graduação em Geografia da UFPR, com a linha de pesquisa "Produção do espaço e da cultura". Atuou como professora da rede pública e privada de ensino fundamental (anos finais) e médio. Atuou como professora da rede pública e privada de ensino fundamental (anos finais) e médio. Trabalhou em órgãos públicos municipais e estaduais, atuando na elaboração de projetos. Desde 2003, é professora do ensino superior (presencial e a distância) de graduação e pós-graduação em instituições privadas do município de Curitiba, ministrando aulas em sua área de especialização. Tem experiência na gestão educacional, coordenando cursos de Geografia e áreas afins. É membro da Associação de Mulheres da Engenharia, Agronomia e Geociências (AMEG). Faz parte do Conselho Regional de Engenharia e Agronomia do Paraná (Crea-PR). É autora de vários livros na área da Geografia com destaque para o desenvolvimento local e regional.

Rodolfo dos Santos Silva é graduado em Ciências Econômicas pela Faculdade Católica de Administração e Economia (FAE), pós-graduado em Magistério Superior pelo Instituto Brasileiro de Pós-Graduação e Extensão (Ibpex), mestre em Tecnologia pelo Programa de Pós-Graduação da Universidade Tecnológica do Paraná (UTFPR) e doutor pelo Programa de Pós-Graduação em Geografia da Universidade Federal do Paraná (UFPR). É autor de vários livros sobre as questões urbanas, entre eles: *Pinhais 20 anos: fatos e histórias de uma cidade emancipada* (2012) e organizador e

autor do livro *Identidade Pinhais* (2010). Atuou profissionalmen-
te em sua área de especialização, em empresas privadas, organizações não governamentais (ONGs) e secretarias do Estado do
Paraná, com funções específicas da sua área de atuação. É professor do ensino superior desde 2001.

Impressão:
Fevereiro/2024